知的生きかた文庫

大谷翔平86のメッセージ

児玉光雄

三笠書房

はじめに

君の才能を見つけ、活かすために。
——今、君の新しい伝説が生まれようとしている。

２０１７年12月９日。この日、小さいころから大谷翔平が夢見ていた、メジャーリーグの扉が開いた。

「たくさんの人たちに支えられて今日このメジャーリーグのスタートラインに立つことができて、本当に感謝していますし、これからエンゼルスの一員としてファンの皆さんとともに優勝を目指して頑張っていきたいなと思っています」

エンゼル・スタジアムで行なわれた入団記者会見で、報道陣２００人とファン１０００人が見守る席で大谷はこう語った。そして、２０１８年のシーズン、大谷の待ちに待ったメジャーへの挑戦が始まる。

夢を叶える――。なんと心地よい響きの言葉なのだろう。夢を描いている時間は楽しいし、ワクワクする。

ところが、いざその夢に向かって行動を起こし、実現させようとすると、仕事だろうがスポーツだろうが、どんな分野でも、そんな甘いものでないことはすぐわかる。

あなたは、大谷は、野球において類《たぐ》い稀《まれ》なる才能があったから一流の門をくぐることができたと考えているかもしれない。

それは、半分正解であり、半分間違っている。

大谷が身体能力に恵まれているのは事実だ。だが、それだけではメジャーリーガーはおろか、プロ野球選手にもなれない。

実は大谷は、夢を叶えるために欠かせない**「緻密《ちみつ》な目標設定」**をきちんとしていた。

しかも、**「マイナス思考や落ち込んだ気持ちを切り替える方法」「応援してもらえる人間力をつけること」「短期間で実力を上げる方法」「動画を使った効率のい**

いワザの研究」のほか、**「運を味方につけること」**など、多方面にわたり、大胆な発想に基づいた工夫をさまざまに凝《こ》らしていた。そしてそれを、日々、心を込めて持続させていた。

だからこそ、彼は自分の才能を見つけ、磨き、花開かせ、「メジャーリーガーになる」という大きな夢を実現することができたのだ。

本書には、大谷が発した数々の珠玉の言葉が収録されている。大谷が何を考え、普段からどう行動し、人生の貴重な時間をどのように野球に捧げてきたかが手にとるようによくわかるだろう。

そしてまた、心理学の見地から、彼の言葉から見出せる心理・行動パターンをわかりやすく分析している。

あなたの中にも、才能が必ずある。あとは、それを見つけ、花開かせるために、大谷のように大胆かつ心を込めて行動するだけだ。

この本が、あなたの夢の実現の後押しをしてくれることを期待してやまない。

児玉光雄

目次

編集協力　江渕眞人

1章

「目標」一つで、運命なんていくらでも変わる

――印をつけた的《まと》への命中率は、必ず上がる

君は、自分を信じているか？
——新たな君《ヒーロー》は、ここから生まれる。

野球を始めた小学3年生のときから、
自信を持って「僕はプロ野球選手になる」と言い続けてきた。
そして、一度として
プロ野球選手になれないんじゃないかと思ったことはなかった。

（「プロ野球選手になる」というこだわりについて語った言葉）

周囲の期待よりはるかに高い成果をあげるアスリートのことを、私は「オーバーアチーバー」と呼んでいる。大谷のようなオーバーアチーバーは、並のアスリートには不可能と思えてしまうようなことを、本気で実現できると考える。

自己暗示は夢を実現させるための強烈な要素である。しかし、「○○になりたい」「なれたらいいな～」「なれるかな?」という秘めた願望では弱過ぎるのだ。

大谷は「プロ野球選手になる」という断定口調で語る習慣が身についていた。

右の言葉に続けて、彼は**「そうやって、周りのオトナたちの前で、胸を張って言えるコドモが、実際、プロ野球選手になっているんだと思います」**と語っている。

ほかの誰かの言葉を信じるのではない。自分を信じるのだ。

自分が、夢に向かって努力し続けられること、決してくじけないこと、そして試練を乗り越えられることを信じよう。一流の人間であれば、断定口調で「なりたい自分」を周囲の人間に公言し、それを実現するための努力を果敢に積み重ねている。

「自分はやり遂げられる」と、まず自分を信じよう。

自分の未来は、自分で予言すればいい！
そして、これが「最高の自分」に出会う法。

目標を持つことは大事だと思います。
僕がどういう選手になるのかというのは、自分で決めること。
（中略）
チームの柱として頑張っている自分を想像するのは
すごく大事なことかなと思います。

（『文藝春秋　２０１３年10月号』より）

心理学者ロバート・W・ホワイトが名づけた「有能感」とは、優れた結果を出せるアスリートたちが持ち合わせている感覚である。

「自分ならできる」という有能感があれば、**「たとえ今はできないことでも、ちょっとトレーニングすれば必ず自分はできるようになる」**という未来の自分を信じる自信につながる。そんな心理状態と、「最高の自分に出会いたい！」という強い欲求が結びつくと、どんな厳しい鍛練にも耐えられるようになる。そして最終的に、その人間の限界を超えさせてくれる。

「私はこの仕事をするために生まれてきた。必要な能力は備わっている。なければ自分自身で鍛えて身につけることができる」と考えてみよう。未来の自分を絶対的に信じて、どうしたら目の前の作業を最高のものに仕上げられるか、自分で考え抜いて動いてみよう。

「ほかのプロ野球選手が成し遂げられなかったことの実現」にやりがいを見出し、「自分のやり方で自分を鍛え上げる」という強い信念が、大谷に類い稀なる才能を授けている。

「最高の自分」に出会うために、目標を立てよう。

〝旅の行き先〟を決めた瞬間、君のサクセスストーリー《成功物語》は動き出す。

目標があれば、頑張れると思います。
こういうふうな選手になりたいでもいいと思いますし、
甲子園に出たいでもいいですし、
レギュラーになりたいでもいいと思います。
そのような気持ちを持ってやればうまくなれると思います。

（「目標を設定することの大切さ」について語った言葉）

「自分がどこに行きたいかわからない人には、追い風は吹かない」

これは古代ローマ時代の偉大な哲学者セネカの言葉だ。はるか昔から目標の大切さは説かれてきた。私は、これにもう一つ重要ポイントを加えたい。

自分の行き先にたどり着くには、つまり目標を実現させるには、「数値化」は避けては通れないということだ。大谷にしても、「すごく速いボールを投げる」ではなく、**「時速160キロのボールを投げる」**と数値化したから実現できた。

ヨット競技において興味深い話がある。コーチが「もっとロープを強く握れ！」と指示することがあるが、この指示では選手は、本気で強く握れないという。なぜか？　選手にしてみれば、どれだけの間、強く握っていればいいのかわからない。いくら屈強な選手でも1時間も2時間も全力をキープすることはできない。だから無意識に迷ってしまい強く握れないというのだ。もしもコーチが「10秒間、強く握れ！」と数値を入れて指示したなら、10秒間だけでいいのだ！と思えるから、迷わず全力を出せるという。数値、とりわけ期限に数値を入れれば、俄然、全力で頑張れるだろう。

目標には、必ず数字を入れよう。

夢のピントを、もっともっと絞り込もう。
不思議なくらい命中する。

真ん中です。
全部、真ん中めがけて投げています。
キャッチャーもコースに寄ったりせず、真ん中に構えてくれてますし、
真っすぐがいいなっていうときは、真ん中です。
だって、もったいないじゃないですか。

（「全力で投げるときにどこを狙って投げているか？」という質問に答えて）

たとえば、ここに二つの正方形の的があるとしよう。

一つは、なんの印もない正方形、もう一つには中心部に赤い印のついた正方形。

さて、「この正方形の中心をめがけてダーツを投げてください」と指示した場合、どちらの的のほうがより多く、その中心部にダーツが刺さるだろうか？

答えは、もちろん中心部に印をつけたほうである。

大谷のように、夢を単純化して、あれこれ迷わずに目標を絞り込もう。すると夢のピントが定まって、あなたは夢をぐっと近くに引き寄せることができるようになる。

大谷はテーマを単純化して絞り込むのが抜群にうまい。一方、私たちは物事を考えるときに、あいまい過ぎるために、夢を遠ざけてしまっている。

いくら努力を重ねても、あるいは、いくら才能に恵まれていても、到達したい夢があいまいでピントがボケていては、ダメだ。それだけで、夢が実現することなどまったく不可能になってしまう。

夢のピントをクリアにしよう。「出世したい」より「社長になる」がいい。

2章

その「目標」は、どう立てればいいのか？　鍵は？

——160キロを記録した真の理由は、ここにある

大谷が160キロの球を投げられた、真の理由とは？

ずっと目標にし、それをチームメイトに伝えたり、紙に書いたりしていたからだと思います。そうやって自分にプレッシャーをかけていないと努力しないので。

（高校3年生の夏の岩手大会で、160キロの球を投げられた理由について語った言葉）

この世の中に、成功者はほんの一握りしか存在しない。理由は簡単だ。誰もが成功者になりたいという願望は持っているが、それを実現するための行動が伴わない人が圧倒的多数だからだ。

では、何から始めるか？　目標や夢を紙に書き出すという些細な習慣を侮ってはいけない。

今すぐ紙に、あなたがこの一度限りの人生という時間内に絶対に実現したい当面の目標や夢を一つ書き出そう。

たとえば、「私は組織でナンバーワンの成果をあげる」とか、「私は次のマラソン大会で必ず4時間を切る」など、一番実現したい目標を一つだけ紙に大きな文字で書き出し、それを机の前の壁に貼り付けよう。そして、毎朝晩声に出して読み上げよう。腹の底から、ふつふつと〝やる気〟が湧き上がってくるのを感じるはずだ。さあ、果敢に行動を起こそう！

〝やる気〟に火をつけるために、毎朝、目標を声に出して読み上げよう。

「目覚めよ、本気！」
目標は、秘めていないで、みんなに言ってしまおう。

来年の目標はリーグ優勝と日本一。
そして開幕戦で投げてみたい。

（2015年シーズンの目標について語った言葉）

心理学でいう「宣言効果」は、パフォーマンスを高めることに大きく貢献してくれる。

みんなの前で宣言してしまった手前、〝あとには引けない追い込まれた心理〟から、潜在能力が発揮されるという面もあるだろうし、あえて第三者に堂々とその目標を宣言することで〝モチベーションが上がり〟、潜在能力を発揮しやすくなるという面もあるだろう。

もしも、あなたが車のセールスマンなら、「私は毎月車を50台売る人間になる！」と周囲の人たちに伝えよう。

もしもあなたが企画畑の人間なら、「毎月5つのプレゼンを通してみせる！」と仲のいいチームメイトに宣言しよう。

壮大な夢を人前で宣言することが、あなたの目標をゆるぎないものへと進化させ、潜在能力を引き出してくれる。たとえその壮大な目標が達成できなかったとしても、いつも以上の素晴らしい成績をあげることができるだろう。

「宣言効果」がパフォーマンスを高めてくれる。

「なりたい自分」の姿を
何度でも、呪文のように唱えよう。

175キロ投げたら肩が危ない(笑)。

ただ、不可能ではないと思います。

(「175キロの速球が投げられるか?」という質問に答えて。2015年1月のラジオ放送で)

大谷の辞書には「不可能」という言葉は存在しない。それを可能にしているのは、10、22ページの言葉からもわかるように、絶え間ない回数の「アファメーション（肯定的な自己宣言）」を忠実に繰り返しているからにほかならない。

「繰り返しの効果」を侮ってはいけない。「なりたい自分」についての、自分が強く反応する好ましいメッセージをつくり上げ、それを繰り返し唱えることが強力なパワーとなるのだ。**ただ唱えるだけでなく、「頻繁に書きとめて」「頻繁に見て」「頻繁に読み上げる」ことが不可能を可能にしてくれる。**

そして、自宅の鏡の前などで最高に自信にあふれるポーズをとりながら、たとえば「私はパイロットになる！」「私はＴＯＥＩＣで９００点以上取る！」「私はＭＢＡの資格を取る！」と声に出せばよい。

さらに、実現したいメッセージをレコーダーに吹き込み、それを聞きながら眠りにつこう。前向きなメッセージが脳のメモリーバンクに保存され、モチベーションアップにつながることは大いに期待できる。

目標を繰り返しインプットすることが、ぶれないパワーを与えてくれる。

中期の目標は、「無理だ！」の一歩手前がちょうどいい。

自分に届きそうで届いていない数字を目標にするのがベストなので……
20勝となると、11勝しかしたことがない僕には、まだちょっと見えない。

（2015年シーズンの勝利数の目標について語った言葉）

長い年月をかけて実現させるような、とびきりの大きな夢を持つことはもちろん重要だが、いきなり山の頂上に到達しようとしてもそれは不可能。そこに至るまでの、段階を踏んだ節目の目標を設定し、それを一つひとつクリアしていく必要がある。こうしたタームの短い目標を掲げるときには、その水準をどのあたりに設定するかがポイントだ。この水準を見誤ると、かけがえのない人生を棒に振ることになる。スポーツ・コーチングの第一人者、レイナー・マートンは、**「モチベーションの水準は困難と思える目標設定の少し手前に設定することにより最大化する」**と主張している。一流のアスリートは、このことの大切さをよく理解している。大谷のこの言葉にあるように、来季の勝利数のような、ワンシーズンといったタームの目標をあまりにレベルの高い困難なものにしすぎると、モチベーションは上がらない。**中期目標設定の最大のポイントは、それでモチベーションを最高レベルに引き上げ、維持できるかどうかということ。**最終的に、モチベーションを高いレベルで長く維持できた人が大きな夢を実現できる。

数カ月先の中期目標は、モチベーションを維持できるレベルにする。

「希望のかけら」を拾い集めて達成したときの快感を、脳に覚え込ませよう。

自分がこう投げたい、打ちたい、何勝したいとか。
それを常に心に抱いてプレーしているのは、一番楽しい。
それが達成できたときは嬉しいですしね。
一番小さい目標はそこです。

（目標を立てることの大切さに触れて。2015年1月の雑誌のインタビューで）

自己実現とは、人生を懸けた壮大な夢だけをいうのではない。

この大谷の言葉に象徴されるように、「こう投げたい、何勝したい」といった小さな目標の達成も自己実現の一つである。小さな自己実現の達成感をしっかり味わうことが、次の目標達成へのモチベーションを生み、ついには壮大な夢に近づくことを可能にしてくれる。ところが、残念なことに、ほとんどの人が同じ程度の欲望を持っているにもかかわらず、結局、小さな目標を掲げることなく、この世に別れを告げている。こんな残念なことはない。

大谷のようなトップアスリートであっても、「こう投げたい」「こう打ちたい」という小さな目標を掲げ、それに近づくために汗を流す。まずは行動を起こし、**「できた！」という小さな達成感を味わうこと。これを何度も味わううちに、脳は「自分なら（なんでも）できる！」と〝錯覚〟するようになる。**

極論すれば、大谷は野球を始めた子どものころに最初の「できた！」を味わった段階で、「すでにメジャーリーガーになっていた」のである。


小さな目標も用意しよう。そして達成の快感を味わおう。

「当面の小さな目標」の立て方にも、コツがある。

「(高校時代の)160キロのボールを投げたい、もっとホームランを打ちたい」という気持ちがすべての原動力になっていたと思います。

(「高校時代のこだわり」について語った言葉。2013年7月の雑誌のインタビューで)

大谷には超ビッグな夢があったことに加え、それを実現するための**段階的な小さな目標を設定**したから、能力が開花したと私は考えている。

ここに目標の設定に関する面白いデータがある。まず、小学生に1回目の立ち幅跳びをさせたあと、グループを5つに分けた。

Aグループは、目標を設定しないグループ。
Bグループは、1回目と同じ距離を目標にさせた。
Cグループには、10％成績を向上させるという目標を与えた。
Dグループには、20％向上、Eグループには30％向上という目標を与えた。そして2回目を跳ばせた。結果はどうなっただろう？

Aグループは2％成績が落ちた。Bグループは2・3％成績が伸びた。Cグループは5・5％伸び、Dグループは4・5％、Eグループは3・4％伸びた。

結果的に、最も成績を伸ばしたのは、10％伸ばすという目標を持ったCグループである。当面の小さな最適目標を設定することが、私たちの成績を最高レベルに引き上げてくれる。

小さな目標は、10％伸ばすことを目指そう。

目に見える「視覚的目標」も大事。目の前の「憧れの先輩」を、夢のターゲットに！

（菊池《きくち》雄星《ゆうせい》は）目標にしていますし、何もかも上だなと思う。中3のときも今でも、そういう位置にいてくれるのは助かるし、僕としても嬉しいです。

（高校の先輩である「菊池雄星への思い」について語った言葉。2014年4月のスポーツ紙で）

西武ライオンズの菊池雄星選手は、花巻東高校で大谷の3年先輩だった。甲子園で活躍する菊池に憧れて、大谷が花巻東高校を選んだのは有名な話である。

２０１４年7月2日、この日、大谷と菊池の2度目の対戦が実現する。試合は二転三転、結局この試合は西武が勝利するが、二人の成績は、菊池が6回6安打5奪三振1失点。大谷は7回7安打12奪三振2失点。二人の対決に勝負はつかなかった。

その前年のオールスターゲームでの大谷と菊池の共演も見物だった。6回にマウンドを菊池にバトンタッチし、レフトのポジションについた大谷は、強烈な打球をキャッチしてノーステップで二塁に返球。アウトにはならなかったが、走者は慌てて二塁に戻った。菊池はベンチ前で笑顔で大谷を迎えた。そして、**「強烈な打球を捕って（走者を）刺しにいってくれた。改めていい後輩だな」**と讃《たた》えた。

身近に憧れの先輩が見つかったら幸せだ。目に見えるモデルが存在するだけで、ぐっと成長スピードは上がる。何もすべての面で尊敬できなくてもいい、部分的でもいい、追いつくために日々研鑽しよう。

憧れの先輩を追いかけよう。

「生きざま」や「考え方」を追いかけたくなる、メンターも持とう。

投手だったら、
ずっと憧れていたのはダルビッシュ有さんみたいな選手です。
ストレートも変化球も意のままに操り、
マウンドでのオーラというか、
打者を圧倒する気迫あふれるピッチングスタイルも好きですね。
自分もそういう選手になっていたいです。

（自分が憧れる選手について語った言葉。２０１４年10月の雑誌のインタビューで）

大谷にとってメジャーリーグのダルビッシュ有選手は「メンター」である。

メンターとは仕事上の指導者・助言者のことで、古代ギリシアの詩人ホメロス作とされる叙事詩『オデュッセイア』に登場する賢人メントールが由来という。メントールはオデュッセウスがトロイアに遠征するとき、彼の息子テレマコスの養育を任されたうえに、オデュッセウスに勝利を導く貴重な助言も行なった支援者だった。

ダルビッシュが大谷に直接アドバイスを送るわけではないが、大谷はダルビッシュの**「生きざま」や「考え方」を自分の人生に投影**している。どういうことかというと、**「こんなとき、ダルビッシュならどうするだろう？」**と考えてみるのだ。それだけで今の自分では思いつかない解決法が浮かんでくる。ただやみくもに自分をレベルアップさせようとするのは、暗闇の中を手探りで進むようなものだ。それよりも、メンターを見つけ出してその人間に近づくための努力を積み重ねよう。それがあなたの急速上達を実現させてくれる。

「メンター」の力を借りてレベルアップ。

3章

君の「強み（才能）」を発見しよう！

――大谷は、なぜ球速にこだわるのか？

君の才能を見つけるために、
「自分には才能なんてない」という
先入観を捨てよう。

先入観は、可能を不可能にする。

（大谷の「座右の銘」を問われて）

「タンク・ローリー車を使っていくら海水を汲み上げても、海の水が少しも減らないように、わたしたちがどんなに豊かな生活を享受しても、宇宙の豊かさは少しも影響を受けない。宇宙の豊かさは限りがないのだ。だから、気兼ねなく引き寄せの法則を用いて、身心ともに豊かな人生を送ってもらいたい。あなたが求めさえすれば、豊かな愛、喜び、健康、富、幸せがあなたのものになるのだ」（『ジャック・キャンフィールドの「引き寄せの法則」を生かす鍵』ＰＨＰ研究所）。

私たちの能力の限界を決めているのは、私たち自身。

私たちの多くが、自分には、特別な才能はないと思い込んでしまっている。しかしそれは、単なる先入観だ。その先入観があなたから夢を遠ざけている。才能があるかないか、できるかできないかは、やってみなければわからない。まず「自分の才能は無限だ！」というメッセージを何度も自分に言い聞かせて、自分の脳のプログラムを書き換えよう。「自分には無理だ」という先入観を徹底的に削除しよう。これこそ最強の成功法則だ。

「自分の才能は無限だ！」と認識しよう。

楯《たて》を磨いても、戦いには勝てない。
武器となる「剣」を磨いているか?

今シーズン(2014年シーズン)は
昨年よりも多く投げていますし、
現状では一番頼りになるボールですね。
逆に言えば
変化球がまだあんまり信頼できないということですけど(苦笑)。
ただ、僕のピッチングの生命線ともいえるボールなのは間違いないです。

(「ストレートにかける思い入れ」について語った言葉)

弱点は、決して武器にならない。

だから、**十分な時間がない場合は、弱点を補うよりも、最大の武器である長所を、なお一層磨き上げる**ことに時間を回そう。**弱点は、確固たる強みができたあとで補強すればいいのだ。**

あなたにも、これまでの経験を通して磨き上げられた武器があるはず。

あなたにとって大谷の時速１６０キロの速球にあたる最大の武器は何になるだろう？　そのことについて、真剣に考えてみよう。

もしもそれが見当たらないなら、それを探すことに全力を尽くそう。

今、自分ができることの中で、一番マシだと思える仕事上の武器を紙に書き出そう。そしてただひたすらそれを磨き上げる時間を、たっぷり確保しよう。

残念なことに、多くの人々が自分の武器を磨き上げる努力を怠るために、安易に世の中の流れに身を任せてしまう。その結果、不完全燃焼のまま人生を終えてしまう運命にある。こんなもったいないことはない。強みを磨くことこそ、一流人の仲間入りをする切り札となる。

得意ワザを伸ばす。

「自分にしか開けられない扉」はないか？自問自答して、その扉の鍵を探そう。

1番ピッチャーって聞いたときも、
最初は「これはないな、これはさすがに無理かな」と思いましたから。
（中略）みんなには
「ホームラン狙って、空振りしてきます」って言ってたんです。
そうしたら当たった（笑）。

（2016年7月3日の対ソフトバンク戦のことを振り返って語った言葉）

この日、大谷は「1番ピッチャー」で試合に出場。場内アナウンスがそう紹介した瞬間、ソフトバンクの本拠地ヤフオクドームは、歓声というよりも、驚きからくるどよめきが起こった。試合開始からわずか5秒。先頭打者大谷は、ソフトバンク先発の中田が投じた初球をフルスイング。打球は右中間スタンドに吸い込まれていった。

2年ぶりの2ケタ本塁打となる10号ソロで自らを援護すると、投げても8回5安打10奪三振で無失点に抑え、8勝目を挙げた。大谷のリアル二刀流の活躍で、チームは10連勝となり2位に浮上した。

大谷にとって野球は、唯一の自己主張の手段である。世間は、その人間に何ができるかで、人を評価する。大谷にとって、それが165キロの快速球であり、パワフルなバットスイングであることはいうまでもない。**そして大谷は、空振り覚悟でその持ち味を発揮しようと、ホームランを打とうとチャレンジした。**

あなたにできることは何か?　**あなたにだけできることは何か?**　それを自問自答しよう。

「自分にしかできないこと」を、やり抜く度胸を持とう。

自分の持ち味を最大限に活かせば
勝手にボールは飛んでいく！

長打は自分の持ち味なので、
しっかりと芯に当てれば、勝手にボールが飛んでいって、
長打になってくれる。
もともとコツコツと当てていくタイプでもないので、
自分のスイングができれば、
必然的に打球は飛んでくれるかなと思っています。

（自分の特徴について語った言葉。２０１４年10月の雑誌のインタビューで）

「自分の人生は、自信と信念によって切り拓く」

そんな気持ちがこの大谷の言葉の中に込められている。

大谷のように前人未到の領域を目指すような人の人生は、信念によって貫かれている。**自分の意思で行動を起こし、納得する人生を歩む。たとえ逆境に見舞われても、そこから逃げず、失敗を恐れず、立ち向かっていく。**これこそ信念の正体である。

一般に多くの人の日々の行動は、決まりきった習慣《ルーティン》によって支配されている。そんな人生はラクかもしれないが、何か物足りない。

信念を養うには、何も精神修養をしなければならないというわけではない。自分の得意ワザや持ち味を紙に箇条書きにして、得意な順に番号をつける。

次に、最大の持ち味をマーカーで強調して「この得意ワザを最大限仕事に反映させよう」とつぶやく。そしてその最大の持ち味を日々磨く。これを習慣にすれば、やがて信念が生まれ、あなたの人生の可能性を大きく広げてくれる。

自分の信念に従って生きよう。

自分を外から客観視する「もう一つの目」を持とう。

ピッチャーをやりながらバッター目線になれるというのは、僕の特徴だし、持ち味かなと思います。

（二刀流の特徴について語った言葉。2014年11月の雑誌のインタビューで）

「僕はピッチャーとバッターを両方やっている特徴を活かしたい。僕がバッターなら、この場面、ピッチャーの僕のどのボールに絞って、どのコースを狙ってくるのか。ピッチャーならバッターの僕をどう攻めるのか。そういう目線で見て、自分の弱いところ、できなかったことを直していかなきゃいけない」

あるとき、大谷はこう語っている。この言葉からわかるように、大谷の脳裏には、「ピッチャー」と「バッター」という二人の自分が存在する。そして、「自分は何ができて、何ができないのか」についてしっかり認識できる人間であることがわかる。頭の中にもう一人の自分がいて、外側から自分を客観視できる能力がある。自分の思考や行動を客観的に認識することをメタ認知という。これを持ち合わせているのが彼のすごいところだ。自分をまるでカメラで撮るように冷静に、客観的に把握できるから、改善の道筋もはっきりと見える。

あなたも自分自身を一度、家族や上司、部下の立場など、他者の視点で見てみよう。急成長のヒントが見つかるはずだ。

顧客の立場、弱者の立場……いろいろな視点で観てみよう。

人生という舞台の主役を
演じながら、才能を開花させていこう。

マウンドに立てば自然にピッチャーのモードになるし、
打席に立てばバッターのスイッチが入る。

（「投手と打者で変えていることは？」との質問に答えて。
２０１３年11月の雑誌のインタビューで）

大谷は二刀流という一人二役のすごいアスリートを日々演じている。すでに彼は何も考えなくても、それぞれの役にスーッと入っていける〝名優〟なのだ。

スポーツ心理学でいう「パフォーマースキル（演じきる能力）」は、人生を成功に導くために不可欠な要素。私たちは誰もが自分の人生という名の〝劇〟の「プロデューサー」であり、「監督」でもあり、「主役の俳優」でもある。誰もその代わりを務めることはできない。

与えられた仕事の中で、その役になりきって迫真の演技をする。あるいは、憧れの人になりきって演じる。そうすればパフォーマースキルがあなたにビッグな成果をプレゼントしてくれるのだ。

著名なスポーツ心理学者であるジム・レーヤー博士はこう語っている。

「ジュリア・ロバーツがこれほど素晴らしい女優であるのは、いつも必要に応じて、自分本来の気持ちからそうあるべき気持ちになれるからだ。それに、彼女には自分が今、表現している感情は本物だと観客に思わせる力がある」

与えられた役、憧れの人物になりきって演じるうちに本物になる。

いくつもの人生、
いくつもの自分を、生きていい。

バッターの翔平は何を言っても素直に聞くし、
「ここは送らなくていいんですか」と訊いてくる。
でもピッチャーの翔平ときたら、
どれだけこっちの言うことを聞かないか（笑）。

（栗山監督が、バッターとピッチャーの大谷の違いを語った言葉。
２０１４年10月の雑誌のインタビューで）

北海道日本ハムファイターズの栗山英樹《くりやまひでき》監督にいわせると、大谷はピッチャーとバッターでキャラクターがまるで違うという。この対照的な違いは興味深い。

スポーツ心理学の観点から考えても、「二人の大谷」は理に適《かな》っている。

ピッチャーの投げるボールを待つバッターは基本的に受け身であり、これに対しその一球がゲームのスタートを意味するピッチャーは自主性が重んじられる。

だから、大谷の場合も、自主性を発揮しなければならないのはピッチャーのほう。一方、バッターの場合、状況に応じて考えられるさまざまな選択肢があるから、監督やコーチのアドバイスに従ってやるべきことを組み立てることが必要になる。

リーダーの役割は、メンバーの潜在能力を最大限引き出すこと。栗山監督もピッチャーとバッターというキャラクターの異なる「二人の大谷」の潜在能力を引き出すのは、並大抵のことではなかっただろう。しかし、こうしたチャレンジに全力を尽くすことこそ、リーダーの本懐なのである。

役割に合わせて、キャラクターを変えていこう。

ピッチャーの自分とバッターの自分、勝つのはどっち？

とりあえずはまっすぐを投げますよ。
で、打ちにいって……ファウルかな（笑）。
やっぱり、空振りだけはしたくないな。

（ピッチャーの大谷とバッターの大谷の対戦シーンについて。
２０１４年10月の雑誌のインタビューで）

「バッターのときには、ピッチャー大谷がマウンドにいたら自分はこう攻めるだろうなと考え、ピッチャーのときにはバッター大谷が打席に立っていたら自分はこういう球を狙うんだろうなと想像する。（中略）最近の翔平にはそういう感じが見えることがあるよね」

大谷の脳裏には二人の自分がいる。そして、その二人が対戦するシーンを、大谷がイメージしているようだと栗山監督は語っている。

スポーツの世界はもとより、ビジネスの世界でも、あらゆるシーンを自由自在にシミュレーションするイメージトレーニングは、仕事をうまく運ぶ大きな味方になってくれる。

もしもあなたが企画畑の人間なら、会議で企画の可能性や魅力を訴える自分と、反論しているもう一人の自分をイメージして議論を戦わせよう。営業畑なら、売り込む自分と、断ろうとする自分だ。自在に二人の自分を操るイメージトレーニングを日常生活で習慣化させることが、本番の対応に強くなる秘訣だ。

対極にある「二人の自分」を戦わせてみよう。

くよくよしてしまう自分で、かまわない。
落ち込みの沼の中でも、一歩踏み出せばいい。

よかった試合より、
失敗してしまった試合のほうが心に残るんです。

（心に残る試合について語った言葉。２０１４年12月の雑誌のインタビューで）

うまくいかないことは誰にでも起こる。そんなとき、モヤモヤした落ち込みの感情が湧いてきたり、ネガティブな気持ちになったりすることは、誰にでもある。問題はそのあとだ。うまくいかないことから目をそらさず、その原因をとことん考え、それを乗り越えるための行動を起こせるか。それとも落ち込んでしまって、行動を起こさず、現状に留まってしまうか。

大谷はもちろん前者だ。大谷は、あるとき自分の性格について**「僕はマイナス思考なんです」**と語っている。本人は、自分のことをマイナス思考だととらえているが、**実は、うまくいかないときも、しっかりと現実を直視して、改善のための行動を起こせる人は、真の楽観主義者**だ。大谷のような真の楽観主義者は、「うまくいかないことから目をそらさない」という思考パターンを持ち合わせている。だから逆境耐性が高い。

悪いときの、ああでもないこうでもないという迷いと葛藤。これから逃げずに受け止めてこそ、悪いときは進化を育む土壌となる。

泥まみれになって逆境耐性を高めよう。

記憶に残るシーンの中から、飛躍の手がかりを掘り起こそう。

よかったときよりも、
悪かったときのほうが記憶に残るんです。
自分の弱点があったら、しっかり直していきたい。

（自分の性格について語った言葉）

人生には「いいこと」も悪いことも起こる。「いいこと」が起こったときは、それを心ゆくまで味わうといい。一方、悪いことが起こったとしても、ガッカリしている暇はない。それはあなたが飛躍するチャンスだからだ。「いいこと」も、悪いことも、結局どちらもあなたにとってはラッキーなのだ。

ところが残念なことに、多くの人は悪いことが起こると、たちまちガッカリして肩を落とし、肝心のモチベーションを下げてしまう。

しかし、大谷のような一流のアスリートは、じっくりその状況に腰を落ち着けて、平常心で打開策を練ることができる。**果敢に行動してうまくいかなかったとしても、それまでの準備やトレーニングが決してムダになるわけではない。**よくない結果を糧に改善を繰り返していくことでしか、私たちは成功にはたどり着けない。そして、その悪い結果の数と成功の数、大きさは明らかに比例する。

成功者ほど、失敗の数は多い。欲しいものを手に入れるためには、とにかく失敗の数を増やすこと。失敗の数を誇れるようになろう。

失敗の数が増えることを恐れない！

強みを伸ばした先に、「ゾーン」という最高の瞬間がやってくる。

自分で今日はいいな、質が高いなと思った日に、
コントロールよくいったボールが
打たれた記憶はありません。

（調子のいいときのことを振り返って語った言葉）

「ゾーン」とは、とても神秘的な響きのある心理学用語である。大谷がゾーンに入ったときの圧巻の投球を、私はこれまでに何度か目にしてきた。

著名なスポーツ心理学者チャールズ・ガーフィールドは、トップアスリートを対象にしたアンケートを実施し、〝ゾーンに入る瞬間〟の感覚を明らかにしている。それらは、①**「心身が異常にリラックスしていた」**、②**「そのことをあまり記憶していない」**、③**「まるで母親の胎内にいるような居心地のよい感覚だった」**というものである。

実はゾーンは、チャンピオンやトップアスリートたちだけが経験できる特権ではない。その気になれば、私たちにも訪れるようになる。

常に穏やかな心理状態を維持して、体をリラックスさせる習慣を身につけよう。そして過去の、最高の体験をできるだけ鮮明に思い起こそう。こうしたトレーニングを積んで本番に臨めば、突然ゾーンが訪れ、すごい成果がもたらされやすくなる。

ここ一番では、リラックスが最高の結果を生む。

4章

誰も追いつけないスピードで「成長」

――最短最速で、自分の限界を突破するルート

非凡な結果を出す人は、人が見ていないところで何をしているか？

だって、休み前の夜は9時まで打ってるんだよ。屋内練習場の電気がついているから、「誰？」って聞くと「翔平です」って言われる。休みの日も2回連続で8時半から打ち始めている。午後じゃないよ、朝からだよ。

（普段の大谷の練習について、栗山監督が語った言葉）

「こっちはトレーニングの一環として休ませたいのに、なかなか休んでくれないもんね」

栗山監督のこの言葉から、私たちの知らないところで、大谷は血の滲《にじ》むような練習を繰り返していることがよくわかる。

あなたは大谷が類い稀なる才能に恵まれていたから、一流の仲間入りができたと考えているかもしれない。それは半分当たっているが、半分は間違っている。いくら才能にあふれていても、それだけで一流になれるほどプロの世界は甘くない。プロ野球選手は、たいてい小学校3、4年生から本格的に野球を始めている。

大谷も例外ではない。8歳から水沢リトルリーグで本格的に野球を始め、プロ野球選手になったのは18歳。つまり、10年間の血の滲むような鍛錬の末に彼は一流の仲間入りを果たした。どんな分野でも、超一流になるには1万時間かかるという。土日も休まず、毎日3時間鍛錬を積み重ねて、約10年かかるのである。日々、根気よくワザを磨き上げる。超一流の仲間入りをするにはそれしかない。

抜きん出るには、他者の倍の量をこなそう。

毎日、24時間でも！休む暇があったら練習したい。

野球が頭から離れることはないです。オフに入っても常に練習していますもん。休みたいとも思いません。ダルビッシュさんからアドバイスをもらったりしますが、一人でああだこうだ考えながらトレーニングすることが好きで、それまでできなかったことができるようになるのが楽しいんです。そういう姿勢は高校時代と変わりません。

（練習で感じる楽しさについて語った言葉）

大谷ほど、人生のすべてを仕事に費やしている人間はいないのではないだろうか。「今はオフ」と決めたときでない限り、練習に明け暮れる。大谷にとって野球は仕事であるだけでなく、趣味でもある。

たとえば、２０１６年12月の優勝旅行で行ったハワイでも、同行した取材陣に**「僕を捜さないでください」**と言って、みんなに隠れて一人きりになって黙々とトレーニングを行なっていた。

「仕事中毒」という言葉の響きはよくないが、一流の仲間入りをしたかったら、「仕事中毒」は必要な要素だ。何かを極めるには、それなりの時間をかける必要がある。「人生の中に仕事がある」という感覚では足りない。「仕事の中に人生がある」くらいのこだわりがなければならない。

四六時中仕事の課題が脳裏で渦巻いている。リラックスしている最中にも仕事に関するひらめきが湧き上がってくる。そんな快感をあなたも味わってみよう。

四六時中仕事と格闘する快感を身につけよう。

本当に好きなことなら、夢中になれる。
では、好きになるには、どうすればいいか?

ストイックというのは、練習が好きではないというか、
仕方なく自分に課しているイメージ。
そうではなくて、僕は単純に練習が好きなんです。

(練習への取り組み方について語った言葉)

「好き」という感覚は、あなたが感じているよりも何倍、いや何十倍もすごいパワーを持っている。好きという感覚は、目の前の作業にのめり込んだときに自然発生的に生まれる感覚である。この言葉に続けて大谷はこう語っている。

「『趣味感覚』といえばおかしいかもしれないけど、練習はやりたいと思ってやるだけ。無理してやるわけではないんですよ」

何事であれ、表層をサラッとなぞるだけでは「面白い」という感覚は湧いてこない。ただひたすら深く掘り進んで初めて、私たちは本当の面白さを発見することができる。

それが「好き」という感覚を着実に増大させていく。その結果、新しい発見があり、さらに「面白い」という感覚を増幅させる。

大谷の感覚センサーは飛び抜けて鋭いから、ほんの微妙なスイングやフォームの違いも敏感に感じ取れる。「好き」という感覚がそれを可能にさせているのだ。

仕事をどんどん深掘りして、「好き」という感覚をＭＡＸにしよう。

面白くないのが努力。
面白ければ努力じゃない。

努力してないっていうわけではないんですけど、
自分が「やりたい」と思える練習であれば、
努力だと思っていない。

（「努力」についての持論に触れて）

何事も「しぶしぶやらされる作業」が「自発的にやる作業」に変われば、仕事の効率は格段に高まり、私たちはパフォーマンスレベルを上げることができる。どうせやらなければならない作業なら、大谷のように自発的にやりたいと考えてやるべきなのだ。

日本のスポーツ現場では、監督やコーチの指示した練習メニューを強制的にこなす風潮がいまだに残っている。しかし、それでは選手にはどうしても、やらされ感が伴う。

それでは、「しぶしぶ」を「自発的」に変える秘訣とはなんだろう。

同じ仕事をしていても、生き生きと仕事をする人間は、**仕事のとらえ方の工夫**を怠らない。大谷の場合、練習による「進化」という手応えが、「好き」とか「面白い」という感情を生み出している。だから「努力する」という感覚が消える。努力という言葉を封印して目の前の作業を楽しもう。

「しぶしぶ」を「自発的」に変える工夫をしよう。

孤独を、恐れない。
群れることのムダを甘く見ない。

練習を誰かと一緒にやるのは嫌です。
トレーニングを見られるのも嫌です。

（「練習への取り組み方」について語った言葉。２０１６年12月の雑誌のインタビューで）

大谷の日常生活は「ストイック」という表現が似つかわしい。プロ入りして5年間、彼の人生は一貫して野球を中心に動いていた。チームメイトと食事に行っても、二次会は断ったという。

買い物は主にネットショッピングですませ、休日もウエイト・トレーニングに明け暮れた。暇があれば札幌市内の合宿所の共有スペースに行き、テレビでメジャーリーグの試合中継を観戦する。そして、外出する際にはリュックにサプリメントを忍ばせていたという。

多くの人が目先の誘惑に負けてしまい、壮大な夢の実現から遠ざかってしまっている。遊びの誘惑や食事の誘惑、トレーニングをさぼるといった誘惑に、自分の意思であらがうことが難しいと思うなら、そうしたものに近寄らないようにするのも手だ。**他人と群れれば、同調の心理が働き、自分を貫くことは難しくなる。**大谷のように、最優先することのためなら、喜んでほかのことにストイックになれる人間こそ、とてつもない夢を実現する資格を得るのだ。

誘惑されそうなものから、遠ざかる。

プレッシャーがあるから、最高のパフォーマンスも、生まれる。

ピッチャーはその日のデキが
試合の結果に大きく関わってきますから、
自分でもピッチャーのときのほうが余裕を持てないし、
スキを見せないようにしようという意識が強いかもしれません。

（ピッチャーとして出場するときの心構えを語った言葉。
2014年10月の雑誌のインタビューで）

緊張によるプレッシャーは、仕事に成果をもたらしてくれる。

一般的に、プレッシャーというとよくないイメージが強いが、それは明らかに間違っている。

その証拠に、驚くような潜在能力を発揮できるのは、プレッシャーがかかったときが多い。太古の昔、私たちのはるか昔の祖先が弱肉強食の厳しい環境を生き延びることができたのは、プレッシャーを力に変えることができたおかげ、といえなくもないのだ。

プレッシャーがかかるから、いい仕事ができると考えてみよう。そのときの冷や汗や心臓のドキドキは、良質の仕事ができる予兆のようなものなのだ。

また、実践でプレッシャーがかかる場面をたくさん経験することにより、劇的に実力を発揮できる自分に気づくようになる。自ら進んで修羅場をくぐることにより、プレッシャーのかかる局面でも実力を発揮できるすごい自分に気づくようになる。


プレッシャーを歓迎しよう。

「イケている自分」「パーフェクトな自分」というイメージを味方にする。

どういう選手になりたいのかと言われたら、毎日試合に出て、大事なところで打てる選手。任された試合には負けないピッチングができる選手。

（自分が目指す理想像について語った言葉）

一流のアスリートの共通点は、イメージ能力が優れていることだ。大谷のこの言葉からも、彼の脳裏には未来の自分像が鮮明に描かれていることがよくわかる。最近の脳科学の研究でも、右脳を積極的に鍛えてイメージする能力が高まると、スポーツのほか、ビジネスシーンでも、パフォーマンスが大きく向上することが判明している。

大谷のように、あるべき自分の姿を具体的に、繰り返し右脳に叩き込んでおくことは重要だ。そうすれば、私たちは効率的にそのあるべき自分に近づくことができる。

これはもちろんビジネスの現場でも活用できる。たとえば、脳内で、商談が理想的にうまく進んだ場面を何度も思い描いてから本番に臨めば、現場でもことはうまく運ぶようになる。イメージ能力を活用することが仕事の成果をあげる大切な要素となる。

未来の「イケている自分」を思い描こう。

目先の駆け引きより、未来の成長を優先する。

見るポイントは相手のいいところだけ。
相手の弱点を突くより
自分がどう成長するかのほうに興味があります。

（「ピッチャーとしての自分を成長させる心構え」について語った言葉）

欧米では、指導者は選手の欠点には目をつぶり、長所を伸ばすことに目を向ける。北海道日本ハムファイターズの栗山英樹監督も、日本では珍しいそういうタイプの指導者だ。私は海外や日本のスポーツ界で35年以上生きてきたが、日本では、まだまだ選手や自チームの弱点を補強することに時間と労力を費やす風土がある。試合の戦略立案でも、相手チームのウィークポイントを洗い出し、そこを攻めることを金科玉条に掲げる監督が少なくない。それが勝利の方程式になると信じて疑わないのだ。しかしそれでは目先の勝負には勝てたとしても、選手が成長するかは疑問だ。だが、大谷は違う。

彼の目は、「相手のすごいところ」にいく。相手の最も得意なところをめがけて自分の力がどれだけ通じるか、まっこう勝負を挑むこともある。これを許した栗山英樹という監督に恵まれた大谷は幸せ者である。ベストな状態の相手に勝てれば文句なしの自信が持てるし、自分のレベルが上がるからだ。目先の勝負に勝つためには弱点の研究も必要かもしれないが、**非凡な成長を遂げたいなら、長所を伸ばすこと**に重きを置こう。

弱点を補っても、非凡な成長にはつながらない。

人類が、最も喜びを感じるポイントは、どこにあるのか？

中学のときは球速を測ったことがなかったので
実際にはわからないんですけど。
高校に入ったときぐらいですかね。
学校にもスピードガンがありましたし、初めて
１４０キロとか、１５０キロとかいう数字がわかるようになって。
そこでどんどん球速が伸びていくのは
やっぱり楽しかったですよね。

（「球速アップへのこだわり」について語った言葉）

人類は、**自分の限界を超えて成長すること**に、無上の喜びを感じるようにできている。昨日できなかったことを今日はできるようになりたい、という本能的な「成長欲求」である。そして、成長を実感できたときの快感が、さらに私たちのモチベーションに火をつけるのだ。大谷もご多分にもれず、段々と上がっていくスピードガンの数字に手応えを感じていった。

ビジネスパーソンなら、たとえば、「英語で議論ができるくらいすごい語学力を身につけた自分」など、できるだけリアルに成長した姿を脳裏に描いてみよう。次に、それを実現するための行動計画を立てて一日一日を完全燃焼する。そして毎月末に、その目標がどれだけ達成されたかを「数字」に表してチェックする。このときの「できた！」とか、「惜しい！　あと少しだった」「今日は9割もこなせた」という喜びが、次に進むパワーをくれる。

成長を数字として「見える化」できれば、はるか遠くに思える夢がぐっと身近なものに感じられる。モチベーションも高まり、それに取り組む意欲が自然に湧いてくるのだ。

自分の成長を「見える化」して、喜びを噛みしめよう。

夢と、現実のギャップを痛いほど、感じてみよう。
それは、「叶えたい夢」からの挑戦状だ。

メジャーは（高校のときに）行きたいな、と思っていたときより
遠ざかった気がします。
間近で選手を見て、
すごさというか、自分との距離を感じました。

（「メジャーリーグへの思い」について語った言葉。２０１５年１月の雑誌インタビューで）

「大谷はとにかく素晴らしいピッチングをして、いい肩を持っていると思った。今日も１００マイル（約１６０キロ）のボールを投げていた（中略）。将来のある投手として、どこの野球界においても通用するのではと思えるくらいの素晴らしさだったと思う」

２０１４年の日米野球第５戦で、大谷は先発投手として札幌ドームのマウンドに立った。この試合のあと、ＭＬＢオールスターのジョン・ファレル監督はこう語っている。

理想と現実のギャップをまざまざと意識させられたことが、大谷の進化を促している。多くの人々は、そのギャップをマイナス材料だと考えてしまう。しかし大谷は、リアルに実感したその差を縮めていくことで自分の才能を開花していった。理想と実力との間にある距離を正しく理解できると、今まで気づかなかった課題が見つかる。「こんなことでは、とても追いつけない」と、**目標や計画の軌道修正ができる。**そしてそれを克服する喜びが、進化につながっていく。

理想と現実とのギャップを書き出し、それを埋める行動を起こそう。

厳しい状況は大歓迎！
成長できる絶好のチャンス。

インコースの厳しいところにも投げてもらえるからこそ、
成長できますし、
内の厳しいところが打てるようになってきたら、
次は外に逃げる球をどう打つか、
緩急をつけられたらどうするか……。
それこそが僕が成長できる絶好のチャンスですからね。

（「バッターとしての自分を成長させる心構え」について語った言葉）

栗山監督は2016年シーズンに入る前の2月に、大谷にその年の開幕投手を任せることを告げた。

そのとき、栗山は「オレに手紙を書いてほしい」と大谷に頼んだという。大谷が書いた手紙には「20勝、ホームラン20本、優勝、日本一」と記してあった。そしてこのシーズン、大谷は「10勝、ホームラン22本、優勝、日本一」を見事に成し遂げた。

開幕投手を任せると同時に、手紙にその年の目標まで宣言させるとは、栗山監督も、大谷に厳しいプレッシャーを与えたものだ。しかし、大谷は厳しい試練から何かをつかんで飛躍することに、やりがいを見出せるアスリートであることを熟知してのことであるのは、いうまでもない。

試練を与えられて初めて脳はフル稼働してくれる。反対に、ことがうまく運ぶときには脳は居眠りを始めるのだ。順風満帆、楽勝で進みそうなときは、あえて自分に重荷を課して難しい仕事と格闘しよう。すごいスキルを獲得できる。

自分に重荷を課して格闘しよう。

5章

エネルギーを集中させて「勝つ」

——戦力になるのは、ここまで勝利にこだわるヤツ

「アイツには負けたくない！」競争心のむき出し、OK！

阪神に入った藤浪《ふじなみ》（晋太郎《しんたろう》）選手とやってみたいです。高校3年間、常に意識してきた存在ですし、負けたくないという気持ちでやってきましたから。

（雑誌のインタビューで、「誰と投げ合いたいか？」という質問に答えて）

大谷と阪神タイガースのピッチャー藤浪晋太郎選手は、ともに１９９４年生まれで、高校時代も含め、互いにライバルとして競い合った。

２０１４年シーズン、甲子園での交流戦で二人はすごいピッチングを見せた。まず藤浪が8回まで毎回の13三振を奪い、自己最速の１５６キロを記録すると、翌日大谷は同じ8回を投げて11奪三振、１６０キロを2度も記録する。

そのときのことを思い出しながら、雑誌での藤浪との対談で大谷はこう語っている。

「前の日の藤浪君のピッチングに刺激を受けましたね。あの試合は、高校時代に勝てなかった甲子園で勝てて吹っきれたという部分と、（藤浪に）刺激をもらったという部分で、それ以降の励みにもなりましたし、自信になった試合だと思います」

ライバルを見つけよう。ライバルの存在が、モチベーションをいとも簡単にアップしてくれる。

ライバルを見つける。

どんなリーダーもほしがる！
戦力となるメンバーの「資質」とは？

アイツ、
意外に昭和の野球選手だから（笑）。

（昔のエースを彷彿とさせる、大谷の感想に触れての栗山監督のコメント）

栗山監督がなぜ大谷について、このような表現をするのか、とても興味深い。

この言葉に続けて栗山はこう語っている。

「考え方は今っぽいんだけど、感じ方が昭和っぽい。食うか食われるか、やられるかやっつけるかみたいなところの悔しさの出し方が、肉食系なんだよね。それって昭和っぽいでしょ。オレはそういうのが好きだからさ」

大谷は命懸けでピッチャーとバッターの二役を務めている。その証拠に、彼は負けたら本気で悔しがるし、勝ってもよくなかった点をしっかり反省する。また、ときには**「もっと投げたい、もっと試合に出たい、ここで交代したくない」**と平気でわがままを言うという。

チームは〝勝利することにしがみつく戦闘集団〟でなければならないことを、栗山は熟知している。それには、なんとしても大谷のような勝利に貢献してくれる執着心のあるメンバーが必要なのだ。チームの戦力になりたいのなら、勝つことにこだわるところを見せよう。


勝負の場では、勝利にとことんこだわろう。

負けたらとことん悔しがろう。

泣きを入れるほどの「執着心」にあふれた仲間を、リーダーは大事にしているか？

翔平はものすごく負けず嫌いなんですよ。
もともと「絶対に勝ちたい」という気持ちが強いから、
マウンドでは人が変わっちゃう。
「降りろ」と言ってもマウンドを降りないし、
「泣きはナシだからな」とずーっと言ってるのに、
「イヤだ、もう1イニング行かせてください」って
平気で泣きを入れてくる。

（栗山監督が、大谷の性格についてエピソードを交えながら語った言葉）

この言葉から、栗山監督が大谷の特徴である「負けず嫌い」という資質を、いかにして具体的な成績に結びつけるか、腐心していたことがよくわかる。

リーダーシップに関する著書が多い経営コンサルタントの小倉広氏が、自著『任せる技術』（日本経済新聞出版社）の中でリーダーとしての適性要素をいくつか掲げている。

その中で特に私が共感した要素は以下の3つである。

・短期的な損得勘定よりは、長期的な信頼関係を優先して判断する人。
・相手のためなら、言いにくいこともはっきりと相手に要望できる人。
・相手が期待する以上の水準を引き出そうと努力を惜しまない人。

栗山はこの3つの資質を備えている名リーダーである。

一人ひとりのメンバーの特徴や性格は異なる。大谷が、負けず嫌いという自らの個性を野球の具体的な能力、そして成績に結びつけることができたのは、まさに栗山監督という名リーダーに出会えたことが大きい。

泣きを入れるほど悔しがるヤツは、本物。

せっかくの〝悔しさのエネルギー〟をこんな「ムダなこと」に浪費していないか？

もともと向こう（メジャー）に行きたかったので、
そこは一番大きな夢としてありますが、
まずは今、日本一になりたい。
今年、CS（クライマックスシリーズ）で負けて、
目の前で胴上げを見てしまいました。
やはり日本シリーズに出て優勝したいという思いが強くなりましたね。

（2014年シーズンの悔しさに触れて語った言葉）

２０１４年10月20日に敵地ヤフオクドームで開催されたクライマックスシリーズ。前日登板した大谷に出場機会はなかったが、目の前で胴上げを見て、来シーズンのリベンジを誓ったことがこの言葉から読み取れる。

リベンジこそ、私たちのモチベーションを上げて本気にさせてくれる大きな要素である。

うまくいかなかったときの悔しさは、実は、強烈に大きなエネルギーなのである。そこには必ず飛躍の可能性が潜んでいる。

だが凡人は、そのせっかくの大きなエネルギーを、やけ酒やカラオケなどで、ストレス解消と称して消費してしまう。なんともったいないことか。そんな非生産的なことでせっかくのエネルギーを浪費してしまうのはやめよう。自分を責めることに使ったり、落ち込んでグルグルと堂々巡りの思考に費やしたりしても、何も前に進まない。誰もが順風満帆だけの人生を送ることは不可能だ。うまくいかなかった理由を冷静に分析し、さらなる研鑽を積んでリベンジを仕掛けよう。

リベンジに燃えるエネルギーを有効活用しよう。

悔しさを経験しなければ、味わえない感動がある。

悔しい経験がないと
嬉しい経験もないということを
あのとき、知ることができました。

（水沢南中学校時代に全国大会に出場したことを振り返って）

大谷は小学校5年生から、中学1年生にかけての約3年間、水沢リトルリーグに所属していたが、結局、小学校5年生と6年生の2年間は、地区大会で敗れて全国大会に行けなかった。しかし、チーム最終年の中学1年生のときに主将として戦った地区大会で優勝して全国大会に駒を進め、見事ベスト16に入った。

この言葉は最初2年に味わった悔しさと、最終年の嬉しさを対比して語ったものである。最後の年で味わった嬉しさは、その前の2年間に味わった悔しさによって、より強烈なものになったのだ。和英辞典で「失敗」を引くと「ミステイク mistake」となる。しかし、少なくとも〝人生における失敗〟を英訳するときは、「ミステイク」ではなく、**「チャレンジ challenge」**とすべきだろう。結果はどうあれ、勇気を持って行動に移したことは、挑戦にほかならないのだから。

著名な心理学者マーティン・セリグマン博士はこう語っている。

「楽観と悲観とは、成功と失敗を、自分自身がどう解釈するかにある」

失敗という悔しさを糧に、日々チャレンジし続けたから、現在の大谷がある。

チャレンジすることで次の推進力を得よう。

基本は「カラダ」。集中力も、やり抜く力も、フィジカルの強さから生まれる。

運転技術の未熟な人が、高性能のスポーツカーを運転してうまく操作できるのかっていわれたら、すぐには難しいと思うんです。それと同じことで、技術の向上とは別に、体力が上がっていくのは悪いことではないし、体力が上がるに越したことはない。

（肉体が技術に及ぼす影響について語った言葉）

巷《ちまた》では、「心・技・体」とよくいわれるが、アスリートのみならず、誰にとっても一番土台にあるのは「カラダ」である。家を建てるとき、「カラダ」にあたる地盤がしっかりしていないと、いくら立派な豪邸でも、大雨が降れば家は傾いて使い物にならなくなる。

だから、体力を維持・向上させる工夫が重要になってくる。体調不良が生じれば、社会のフィールドに上がることも許されない。

恵まれた身体機能を存分に活かすべく節制に努めたから、現在の大谷がある。投手として、そしてまた打者の基本的な練習メニューもこなさなければならないわけだから、強靭な体力がなければ到底務まらない。

最近はスポーツ科学の発達で、体を最高のコンディションに整えるための科学的な情報が簡単に手に入る。しかし注意したいのは、万人に合うメソッドというものは存在しないということだ。いろいろ試して自分に合うものを見つけよう。すべてのベストパフォーマンスは「カラダ」から生まれることを、お忘れなく。

最高のフィジカルコンディションを維持しよう。

基礎体力があるだけで、自信も満ち満ちてくる！

ハードなトレーニングを行なったり、
（筋肉を）増量したから球速や飛距離が伸びるかというと、
そういう問題ではない。
ただ、土台として
自分がそこ（フィジカル）を持っているという自信があれば、
すべてにつながってくると考えています。

（恵まれた体を活かすことについて語った言葉。2015年2月の雑誌のインタビューで）

体力トレーニングには4つのステージが存在する。

オーバートレーニング、タフネストレーニング、メンテナンストレーニング、そしてアンダートレーニングである。

オーバートレーニングはきつ過ぎる、ケガを発生させる危険なトレーニング。

タフネストレーニングは、ややきついと感じるトレーニングで、これこそ理想的に体力を高めてくれるものだ。ダイエットにおいても、最も効果的である。

メンテナンストレーニングは、現状維持のトレーニングであり、あまり肉体的な進歩は望めない。疲労がたまっているときや体調が思わしくないときは、この程度にしておこう。

最後がアンダートレーニング。物足りなさを感じる単なる時間の浪費に過ぎない効果の薄いトレーニングである。

タフネストレーニングを日課に組み込めば、短期間に健康な体につくり変えることができるようになる。


きつすぎるのはNG。〝ややきつい〟トレーニングで効率よく鍛えよう。

集中できない!? ならば いつでも「集中モードに入れる法」を伝授しよう。

1打席、1打席で打っていかないといけないので、難しさはありました。

(中略)

極端な言い方をすると、4回代打で出場するようなもの。いかに集中しながらゲームに臨むかが一番大事だと思います。


(2014年シーズン、DH(指名打者)と代打での出場が多かったことに触れて語った言葉)

バッターの大谷は、ピッチャーとの対戦の中で、目の前の一瞬に全身全霊を懸けている。彼の高いレベルの集中力がこれを支えている。学習においてもビジネスシーンでも、集中力を高めて課題に取り組むことが重要だ。

私が、何人ものプロアスリートに伝授してきた**〝脳を自動的に集中状態にもっていく方法〟**をお教えしよう。これを覚えたゴルファーたちには、大舞台でも肩が緊張で縮こまることがなくなったと、大いに感謝されている。

まず、深呼吸をする。4秒かけてゆっくり息を吸い込んで、8秒かけてゆっくり息を吐く。このリズムで深呼吸しながら、手のひらの中心あたりを1分間、凝視してみよう。

さらに可能なら、あなたが凝視している手のひらの一点に息を口で吹きかけながら1分間瞑想しよう。

1日最低5回、これを行なうことにより、あなたはどんな場面でも瞬時に集中モードに入っていける自分を発見できるようになる。

視線と呼吸をコントロールして集中力を高める。

チームとしての、「ミッション」を掲げれば遠くの星へもたどり着ける！

重要なことは、
僕の成功（二刀流）が、
優勝に結びつくのかどうかということです。

（二刀流として大事にしていることについて答えて。2014年4月の雑誌のインタビューで）

スポーツの世界であれ、研究やビジネスの世界であれ、チームの一員は、チーム全体の目的である「ミッション」を、片ときも忘れてはならない。

ミッションは、しばしば「目標」と混同されてしまう。**だが、ミッションと目標は、はっきりと区別して考える必要がある。**

たとえば、大谷にとっての「目標」は、「投手として15勝」とか「打者として20本塁打」であり、ミッションは「チームを優勝に導く」となるだろう。

ミッションは監督、コーチ、選手のほか、スタッフたちも含めたチームのメンバー全員が共有できるものであるべきだ。「優勝」というチームのミッションがあるからこそ、チームの各メンバーがそれぞれ個別の目標を持ちつつも、助け合い、補い合い、一丸となって闘えるのだ。結果として、個人の目標も達成されやすくなる。

これはどんな組織でもまったく同じ。メンバー一人ひとりが、グループ、組織としてのミッションを共有することにより、チームは最高の成果をあげることができるようになる。

チームで一つの「ミッション」を共有しよう。

一年、一年を、全力投球、フルスイング！

毎年、毎年出しきるように頑張っているし、
やりきって納得できるようには頑張っているけれど、
終わってみれば、できなかったことばかりが頭に浮かんでくる。
毎年そういうものかなとは思うが、
目指すところは100%しっかりやりきったと思えるのが
一番いいんじゃないかと思う。

（2017年シーズン前に、意気込みについて語った言葉）

2012年のドラフトで北海道日本ハムファイターズに指名されて入団した大谷の、2017年シーズンまでの5年間の主な成績は、バッターとして、打率2割8分6厘、本塁打48本。ピッチャーとして、42勝15敗、防御率2・52、奪三振624。

特に2014年シーズンは、バッターとして10本塁打、ピッチャーとして11勝(4敗)を挙げ、ベーブ・ルースが1918年に成し遂げた「同一年度に10勝以上、10本塁打以上」の記録に並んだ。

この前人未到の記録を成し遂げた裏には、大谷の血の滲むような鍛錬がある。飽くなき探究心が大谷をその鍛錬に向かわせている。

一切の妥協を排除して、なりふりかまわず自分を成長させることに全力を尽くす。成功するにはそれしかない。

何年も何十年もかけてようやく成し遂げられるような壮大な目標を定めて、前人未到の域に到達することに意欲を注ぐ。そんな大谷からますます目が離せない。

毎年成長していこう。

相手に翻弄《ほんろう》されるうちはまだまだ。
相手が誰だろうが、
オリジナルな自分で勝負しよう。

今年は自分の球をしっかりと投げればいいのかなと、
割りきって投げてます。
そこは、相手のことよりも、
しっかりと自分の持ってるものを出そうということです。

（「2014年シーズンに心がけていること」について語った言葉）

バッターとの駆け引きに思案しているうちは、まだ一流のピッチャーとはいえない。あの「ハマの大魔神」こと現役時代の佐々木主浩《かずひろ》は、絶好調のときはキャッチャーのグラブしか見えなかったという。彼はバッターの存在を消して、ただひたすら自分の得意のフォークボールをキャッチャーのグラブめがけて投げていたのだ。

大谷にしても、ルーキーイヤーの2013年は、「一人ひとりのバッターに対して、どう投げなければいけないか」ということばかり考えて投げていたという。翌年は、そこから脱皮して、バッターが誰であろうと、自分の最高の球を投げることだけに意識を絞り込むことを悟って、彼は一段階、進化した。

相手が誰であろうとも、大谷は自分の一番得意な球をキャッチャーのグラブめがけて投げ込むことに命を懸けている。相手との駆け引きよりも、自らの磨き抜いたとびきりのワザを本番でぶつけることを優先させる。そのような行動は、必ず道を拓いていくのだ。

相手に意識を向ければ心が乱れるだけ。自分の内に意識を向ける。

6章

「ひらめき」をつかまえれば、一瞬で変わる！

——求めれば、きっかけも答えも、与えられる

技術レベルを一気に引き上げてくれるのは、「ひらめき」だ！

変わるときは本当に一瞬で変わる。
地道な努力も必要ですけど、
ひらめくきっかけがほしい。
きっかけさえつかめれば技術も上がるんです。

（動画でフォームをチェックしていることに触れて）

脳がひらめきを発してくれることを期待して、大谷はイメージトレーニングを習慣化させている。この場合のイメージトレーニングとは、他者のフォームを繰り返し動画で確認することだ。

「（フォームの動画は）iPadで見るし、移動中は携帯でも見ます。自分の映像よりほかの選手を見ることが多い。左投手もサイドスローの投手も打者も見ます。人の映像を見て、自分にどうつながるかに興味があるので。寝ていても、何かひらめくときがある。もっとこういうふうに投げたらいいんじゃないか、こう足を上げたらいいんじゃないかとか」

明らかに大谷は脳のイメージ処理機能をフル稼働させながら、ひらめきの出力を待っている。

他者の素晴らしい仕事や作品、仕事の進め方を何度でも見よう。できるだけ真近で見させてもらおう。それを習慣化させて、ひらめきの瞬間を待とう。これこそ私たちに飛躍の機会をもたらす重要なメソッドである。

憧れの人の仕事のやり方や、その人の手がけた作品を何度も見てみよう。

「毎日研究！」を厭《いと》わない。ひらめきを得るための、タブレット活用法。

タブレットの動画で、いろいろな選手の投げ方や打ち方を見て、「次の練習でこういうことをやってみよう」とか、「この人のこういうところを真似してみよう」とか研究しています。そういう時間がすごく好きですね。

（日課である「動画による野球研究」について語った言葉。２０１４年12月の雑誌のインタビューで）

２０１５年5月19日の対東北楽天ゴールデンイーグルス戦の3回、大谷は楽天の左腕、塩見の外角スライダーをとらえてホームランにする。体が泳ぎながらも右手だけで振りきったバットはボールを真芯でとらえ、バックスクリーンに叩き込んだ。

「インコースを直球で攻められている傾向があったので、逆に外の球にうまく反応することができた。少し泳がされたけれど、芯でとらえることができたのでよかった」

こうした自己分析ができるのも、大谷が日ごろからタブレットで動画を見ながら研究を重ねているからだ。実は、イメージでとらえる画像分析こそ、私たちが普段あまり活用していない脳の力にほかならない。脳はもともと画像分析力に長《た》けている。わずかな違いを見つけ、ピタリと正しい正解を見つける。文字や数字の処理には時間がかかるが、画像処理では瞬時に結果を出せる。脳の得意とする画像分析機能を最大限に活用することは、ビジネスにも十分適用できるだろう。

優れたイメージを何度も見て、脳のイメージ処理機能をフル稼働させる。

ミラー細胞があるじゃないか！
「なりたい人」を真似れば、進化できる！

部屋でスマホをいじりながら、
ダルさん（ダルビッシュ有）の動画を見ていたんです。
そうしたら、
ふと（セットポジションを）やってみようかなと思いました。
（中略）あれで手応えをつかんだ部分がとても大きかったし、
そのおかげで前進できましたから、
思いきって変えてみてよかったと思います。

（「セットポジションからの投球を身につけたきっかけ」について語った言葉）

大谷は尊敬する先輩選手たちのフォームやテクニックを取り入れることに貪欲である。**「真似る」**という作業をバカにしてはいけない。

「学ぶ」という言葉の語源は「真似ぶ」であるという説がある。最短で自分をレベルアップしたかったら、大谷のように、お手本を見つけ、とことん真似て、その情報を積極的に脳に入力してやればよい。

脳には、ミラー細胞というものが備わっている。この細胞は、ちょうど鏡のように外界に存在するものをそっくり複製して取り込む機能を持っている。

たとえば親と子、上司と部下、コーチと選手など、長時間一緒にいる相手に動きが似てくることがあるが、それもミラー細胞の働きによるものだろう。

あるいは、脳細胞は驚くほど細かく分化されており、たぶん、大谷の脳細胞にはダルビッシュ有のピッチングフォームだけを処理する「ダルビッシュ・ミラー細胞」が存在しているはずである。外界の情報を選別して自分の仕事にプラスになる情報を脳に叩き込めば、あなたも大谷のようにどんどん進化していけるようになる。

脳に存在するミラー細胞をフル活用しよう。

ひらめきもチャンスも、逃げ足が速い！
全力で「その場で」つかまえよう。

寮だと動画を見ていて、「あっ、これ、いいかな」と思って、
すぐにウエイトルームの鏡を前にして
シャドーピッチングをすることもある。
すぐに体を動かせる環境がいいんです。
いきなりひらめくので、
そこで実践しないと次の日に忘れている可能性が高い。
そういうことが楽しいですね。

（寮生活の楽しさについて語った言葉）

努力をしてもしても、成果があがらない。そんなときに、「あっ、これいいかも！」という、ひらめきや気づきが訪れたらチャンスだ。

人生にブレークスルーを起こし、壁を突破することを可能にするのが、「チャンスがきた瞬間の行動」だ。あなたなら、どう動くだろうか？

チャンスは、予告なく突然現れる。しかも、その場でつかまなければ、また一瞬でどこかに消え去ってしまう。忘却の彼方になってしまう。

それを大谷は知っている。だから彼は、ひらめきが訪れたら絶対にその場でつかまえようとする。全力で逃がさないようにする。

つかまえるというのは、具体的には、「体に記憶させたり」「紙に書きとめたり」するということだ。だが、凡人は、この簡単な作業を怠るせいで、せっかくのひらめきをつかまえ損ねてしまう。

人生に飛躍をもたらしてくれる貴重なチャンスとの出会いに、もっと敏感になろう。日々、小さなチャンスを拾い続けていけば、あなたを想像を超える高いステージに引き上げてくれる。

チャンスに敏感な人間になろう。

「ひらめき」を引き出すために練習する。

常にきっかけを求めて練習しているというのはあります。ひらめきというか、こういうふうに投げてみよう、こうやって打ってみようというものが、突然出てきますからね。(中略)常にそういうひらめきを追い求めてるんです。自分が変わるときは一瞬で上達しますし、そういうきっかけを大事に考えて練習しますね。

(練習への取り組み方について語った言葉。2015年2月の雑誌のインタビューで)

ひらめきは、どんなときに浮かんでくるのだろうか。

大谷は、うまくいったときより、うまくいかなかったときのほうを重視する。たとえば、ピッチングでは勝利した試合よりも失点して負け投手になった試合を深く探ることに意欲を燃やす。一つめのカギは、ここにある。

ひらめきは順風満帆のときには、あまり生まれてこないのだ。

うまくいかなかった事実から逃げずに、ありのままに失敗を受け止めて原因を探る。そこから新たなひらめきや打開策が生まれてくる。

二つめのカギ。多くの人間が、脳に「目的」をインプットすることなく、ただ漫然と行動している。そして本来、脳が得意としているひらめきや直感したものを出力する作業を後回しにして、文字や数字を処理する作業を優先させてしまっている。大谷自身が生み出すひらめきや直感が彼の潜在能力を引き出し、彼を置き換えのきかない「ブランド人間」に仕立てている。自分を劇的に変えたいなら、**「今日は、このヒントを見つける！」と決意して一日を始めよう。**

うまくいかないときほどテーマを頭に叩き込んでから、実戦に臨む。

24時間求め続ければ、必ず宝の山を掘り当てられる！

クリスマスに、練習をやっていたんですけど、
その日、
「あっ、これっていいかもしれないな」というものがあったんです。
もしクリスマスだからって休んでいたら、
そのひらめきには出会えなかった。

（2014年のクリスマスに練習したことに触れて。2014年10月の雑誌のインタビューで）

大谷の脳裏には四六時中「野球」のテーマが駆け巡っている。ここに、一流人の共通点がある。彼らは自分の仕事の最大の懸案事項を頭の中に叩き込んで、その打開策を24時間思索し続ける心構えができている。

京セラの創業者稲盛和夫《いなもりかずお》氏は、**「狂の境地にまで到達して初めて良質の仕事ができる」**という言葉を自著に記している。

簡単に答えが出てくるなら、それは大した問題ではない。大谷と同じ年に北海道日本ハムファイターズに入団した鍵谷《かぎや》陽平《ようへい》は、大谷についてこう語っている。

「翔平は野球のことだけ考えて生活している。あの年だったら、もっと遊びたいだろうに。自分が周りにどれだけ期待されているかということを自覚しているんでしょうね」（『Number』２０１４年10月2日号／文藝春秋より）

「ああでもない。こうでもない」と四六時中思索を積み重ねれば、あるとき、化学反応《ケミストリー》が起きて、必ずあなたは最高のひらめきに巡り会える。

しぶとく考え続けて、ひらめきを呼び込もう。

感じたことを
文字に残す習慣が運命を変える。

その日に起きたよかったこと、悪かったこと。
自分が感じて「次にこういうことをやろう」という内容を、
iPadに書き込むようにしています。

（普段行なっている習慣について語った言葉。2014年12月の雑誌のインタビューで）

自分の感じたことを素直に書き込む習慣が、現在の大谷の成功を支えているものの一つとはいえないだろうか。もしもあなたがその日考えたことや、気づき、行動したことを形に残さなかったら、それらは記憶の闇の向こうに葬られる運命にある。

「もちろん、野球に関することが多いですけど、そのほかにも自分が気づいたこと全般を一言二言、箇条書きで。あとで『このときはこう思ってたんだ』と読み返すためです」と、右の言葉に続けて、大谷はこう語っている。

自分の考えていることを文字に変換することにより、漠然とした考えが具体化される。それが行動への指針となる。

案外、私たちは自分のことを知っているようで知らない。**思考を文字にすることで、今まで気づかなかったことが発見できる**ことも珍しくないのだ。

どんな行動も3週間持続すれば習慣化するという。この「自分の思いを文字にする」習慣が身につけば、あなたも新しい才能を手に入れることができる。

書きとめた一行が、人生に飛躍をもたらす。

7章

「ピンチ」は、この言葉を胸に乗りきろう

——苦難は誰にも平等に訪れる。そこでモチベーションを保つには

巡る季節と同じように、
苦しいときは、誰にでも平等に訪れている。

勝てるイメージが湧いてこない。
どうやって勝っていたのか正直わからなくなりました。
（2016年シーズン、開幕から5試合の登板で勝利がなかったことを振り返って）

この年、大谷は開幕投手を務めたが、打線の援護に恵まれず、その後も先発した4試合すべてで勝利なし。開幕6戦目となった5月1日の対ロッテ戦で初の白星を挙げる。

苦しい状況に立たされたとき、そこから逃げるのではなく、あえてその苦しい状況と格闘してみよう。そうすればピンチに対する免疫力がついて、あなたは確実にたくましくなれる。

いくら類い稀な才能に恵まれた大谷であっても、実戦において数多くの修羅場をくぐらなければ、プロフェッショナルとしての真の実力は決して身につかない。状況判断力、度胸、相手との駆け引き、臨機応変な対応力など、実戦では、勝負強さが問われるからだ。**そう、修羅場をくぐり抜けた回数と、成功の数は関係がある。**

安易な状況に満足せず、むしろ波瀾万丈の人生に感謝しよう。この気持ちを持ち続ければ人生で怖いものは何もなくなる。そのうえ試練があなたにすごい才能を授けてくれる。

波瀾万丈の人生に感謝しよう。

はすの花は、泥の中でこそ美しく咲く。
泥の中でこそ、潜在能力は目覚める。

自分のボールに自信がありませんでした。
ですから、周囲の評価とのギャップがすごかったです。

（自身の高校時代を振り返って語った言葉）

大谷は菊池雄星に憧れて彼の出身校である花巻東高校に進学。最初打者として起用されたが、1年生の秋から投手に転向。そして、2年生春には最速151キロを記録して「みちのくのダルビッシュ」と呼ばれ、注目を集める。

しかし、彼の高校時代は必ずしも輝かしい経歴だけで埋めつくされていたわけでない。高校3年生の春の選抜野球大会では初戦の対大阪桐蔭《とういん》高校戦に登板したものの、11四死球、9失点で大敗。そのうえ夏の甲子園予選では、決勝の対盛岡大学附属高校戦で5失点で敗退、甲子園出場はならなかった。この悔しさが大谷をメジャーリーガーへと導いたといえなくもない。

仕事とは本来、恐怖や不安を抱きながら行なうもの。ストレスは、あって当然なのだ。生物学的に考えれば、人間という動物は、恐怖や不安を感じて緊張状態に置かれて、初めて潜在能力を発揮する。だからピンチに見舞われるのも悪いことではない。普段から「窮鼠《きゅうそ》猫を噛む」という切迫した心理状態に自分を追い込むことにより、私たちは潜在能力を十分に発揮できるようになる。

恐怖や不安を抱きながら、仕事にのめり込もう。

「初めて味わった喜び」は？
その感動があれば、全てを乗り越えられる。

リトル（リトルリーグ）のとき、
初めて全国大会へ出場できました。
その目標のために練習をやってきて、それを達成したときは、
今までで一番と言っていいくらい嬉しかった。

（小学生のころの自分を思い出して語った言葉。2013年10月の雑誌のインタビューで）

ある雑誌の取材で、「現在の自分をつくるうえで一番大事だった時期はいつか？」という質問に、大谷は迷うことなく**「小学生のころ」**と答えている。

特に小学校6年のときは、本当によく練習した1年間で、家の中にボールとバットを持ち込んで四六時中触っていたと大谷は言う。そのうえ、手当たり次第に野球に関係あることを探っていた。

リトルリーグの監督だった父親、徹さんとはいつも一緒に風呂に入って野球談義に終始したという。

大谷の基礎はこの小学生の時期に形成されたことは間違いない。天真爛漫とは、「何も考えずに、目の前の作業にのめり込む様」をうまく表現した言葉である。

仕事で悩んだとき、小さいころに達成感を覚えたときの記憶を呼び起こそう。そのときの喜びを、もう一度思い出してみよう。それが、今の自分にエネルギーを与えてくれる。

子どものころの自分から、今を生きる元気をもらおう。

ゲームが面白いのはなぜか？
クリアする難しさは、楽しさにつながる。

どうしてできないんだろうと考えることはあっても、
これは無理、絶対にできないといった限界を感じたことは
一度もありません。
今は難しくても、そのうち乗り越えられる、
もっともっとよくなるという確信がありましたし、
そのための練習は楽しかったです。

（「入団1年目に考えていたこと」について語った言葉）

入団1年目のシーズンの大谷の成績は、ピッチャーとして3勝0敗、防御率4・23。そして、バッターとしては、189打数45安打、3本塁打、打率2割38厘。

この成績を見ても、ルーキーイヤーは大谷にとって不完全燃焼の年だったといえる。しかし、このシーズンがあったからこそ、彼はそれ以降着実に成長することができたのだ。

自分の力では乗り越えることができそうもない高い壁にぶつかったとき、人は必死になって逃げ道を探しにかかる。しかし、大谷は違う。その高い壁を乗り越えようと挑戦することが、新たな才能を開花させる切り札であることを彼は知っている。

真の自信はうまくいったときではなく、逆境を乗り越えたときにしか身につかない。困難な状況に直面しても、ベストを尽くそう。逆境を乗り越える道をあれこれ模索して見つけることをゲームのように楽しもう。この姿勢があなたに新しい才能を授けてくれる。

自信は、逆境を乗り越えた自分へのご褒美。

ゴールの遠さに心が折れそうなときはこの言葉を胸に踏んばろう。

できないと決めつけるのは自分的には嫌でした。(中略)160キロを目標にしたときも、「できないと思ったら終わりだ」と思って、3年間、やってきました。

(160キロの速球へのこだわりについて語った言葉)

２０１５年４月20日の日曜日、大谷は対東北楽天ゴールデンイーグルス戦で見事、完封勝利を挙げる。これで開幕以来負け無しの４連勝。この試合で22イニング無失点となった。普通の選手なら、大満足してしまう好成績だ。

しかし、おそらく大谷は、この日のピッチングに満足できなかっただろう。なぜなら、この日の球速は、最速で１５６キロ止まりだったからだ。**「球速」へのこだわり**が、彼の高いモチベーションとなり、次の試合では１６０キロを投げようと、さらに頑張ることができる。

こうした目標がないと、ある程度の結果を出したところで成長は止まってしまう。「自分も結構、努力したんだし、ま、これくらいできたからいいか」と納得してしまう。壁を超えるための、もうひと踏んばりする力が出ないのだ。あなたもこうした、やる気を最高潮にさせてくれるワクワクする目標を今すぐ設定しよう。〝手の届かない不満〟が、あなたを「ネバーギブアップ」の人間に育ててくれる。

「無理」「できない」と思ったら、即ゲームセット。

「動物」のように感じ、「大学教授」のように考えよう。

オレは〝感じ方と〝考え方〟は違うものだから分けて考えろってよく言うんだけど、翔平はそこがきちんと分かれている。感じ方は動物的、考え方は大学教授……そんなイメージかな。

（栗山監督が、普段から大谷に強調していることについて語った言葉）

いくら才能に恵まれていても、本能だけでプレーする選手は弱い。

順風満帆のときは問題ないが、いったんスランプに突入すると、普段、何も考えていないから、打開策を見出せないがために、迷路に入り込んで脱出できないからだ。

一方、大谷のような一流のアスリートは、本能でプレーしつつも、頭脳で考える習慣を身につけているから、スランプに陥ってもデータを検証するなどして、論理的かつ冷静に改善すべき場所の仮説を立て、検証していくことができる。原因をきちんと分析でき、改善策を立てられるから、結果としてスランプからも短期間で脱出できる。

センスや感覚だけに頼らず、普段から自分で考えることの重要性を頭に叩き込んでおこう。冷静に分析するクセもつけておこう。

そうすれば、ちょっと感覚を失ったときや、スランプに陥ったときでも、必ず脱出への光明を見出せるようになる。

本能と理性の両面から自分を検証しよう。

8章

「気持ちを切り替える」技術

——引きずりやすい大谷は、これでカラッと気分を晴らす！

「考えない！」
目の前の不安を消す簡単な方法。

相手と勝負できるようになったところですね。
1年目の僕だったら、
相手より自分の問題でこうしなくちゃいけないとか、
結果的にフォアボールを出しちゃったかなというところがあったんです。
でも、自分に対する不安がなくなって、
相手を抑えるためにどうすればいいのか
というところに集中できるようになったんです。

（「2年目を振り返った感想」について語った言葉）

人間は、過去や未来を意識したとたん、心に不安が満ちてくる。**ところが、目の前の一瞬に意識を１００％集中させると、不安は見事に消えていく。そして、自信が心中に湧いてくる。**

それでは目の前の一瞬に意識を集中させるには、どうすればいいのだろう。自分がコントロールできることとコントロールできないことをしっかりと分類して、自分がコントロールできることだけに意識を絞り込めばよい。

バッターがヒットを打つか打たないかはバッター次第。ピッチャーがコントロールできるものではない。それなのに、「このバッターにヒットを打たれなければいいが……」といった思考パターンでは不安が消えることはない。

大谷のように、「自分の最高の球を投げよう」という単純思考をすれば、不安が消え、自信が湧いてくる。

相手次第の自分がコントロールできないことを脳内から潔く葬り去り、自分がコントロールできることに意識を向けることが、目の前の不安を消し去る極意だ。

自分がコントロールできることだけに意識を集中させよう。

それは、本当に不幸なことなのだろうか？

ケガもあって、ピッチャーができない時期のほうが長かった。
だから高校時代はバッティング練習をたくさんやりました。
試合では三番とか四番を打たせてもらっていたら、
バッターとしての自分が
どんどんよくなっていくのを感じました。

（高校時代の不遇の時期を思い起こして語った言葉。2013年10月の雑誌のインタビューで）

「人間万事《にんげんばんじ》塞翁《さいおう》が馬《うま》」という諺《ことわざ》がある。昔、中国北方の塞《とりで》近くに住む占いの巧みな塞翁という老人の飼っていた馬が、胡《こ》の地方に逃げてしまった。それを見た人々が気の毒がると、塞翁は「そのうちに福がくる」と言った。やがてその馬は胡の駿馬《しゅんめ》（足の速い優れた馬）を連れて戻ってきた。それを見た人々が祝うと、塞翁は今度は「これは不幸の元になるだろう」と言う。すると塞翁の息子は、胡の馬から落ちて足の骨を折ってしまった。気の毒がった人々がそれを見舞うと、塞翁は「これが幸福のきっかけになるだろう」と言う。1年後、胡軍と戦争になったが、骨折した老人の息子は兵役を免れ、戦死しなくてすんだという。

あのイチロー選手も、高校2年生の春に交通事故に遭った。そのため、当時の野球部の中村豪監督はピッチャーだったイチローを外野にコンバートした。もしもイチローがずっとピッチャーを務めていたら、オリックスバファローズはイチローをドラフトに指名しなかったはず。**大谷にしても、このケガがあったから二刀流という道が拓けたことは否めない。**何事も「人間万事塞翁が馬」なのである。

不運は未来の幸運の種。嘆くのはナンセンス。

落ち込みやすくてもいい！
気持ちの切り替え名人になろう。

結構、落ち込んで引きずるタイプなんです。
（スランプのときには）書籍、映画、会話……どこかにヒントはないか。
そうやってメンタルを切り替えるためのきっかけを
常に求めている部分はあるかもしれません。

（「自分の性格」について語った言葉。2014年12月の雑誌のインタビューで）

スポーツ心理学において、気持ちを切り替えるスキルはとても大切なもの。よくないことはもちろん、よいことすらも潔く捨てていく。いつまでもいい気分に浸っていては進歩がないからだ。そうすれば、アスリートにとって一番大事な「現在」という瞬間に意識を集中させることができる。

メジャーリーガーの膨大なコメント分析を行なった、ある心理学者の報告を紹介しよう。ナショナルリーグで、統計的に楽観的と分類されたチームは前年の勝率を上回った。これに対し、悲観的と分類されたチームは前年を下回った。また、楽観的だったチームはプレッシャーのかかる場面で好打率を挙げ、逆に悲観的だったチームは、プレッシャーのかかる場面では惨憺《さんたん》たる結果に終わった。

楽観的なチームにも、もちろんスランプは訪れる。しかし、切り替えが早いので、次の試合まで引きずらない。それがよい結果につながる。

大谷も、気持ちの切り替えの大切さを熟知している。引きずるタイプだとしても、意識して切り替えることができれば問題ない。それができるから一流のアスリートなのだ。

落ち込んでも、切り替えできれば問題なし。

落ち込んでいるあなたも、本当は、楽観主義者かもしれない！

基本的にはすべて楽しいですし、
つらいと思うことはありません。
むしろ、本当にピッチャーもバッターも同じように
挑戦させてもらえている環境には感謝していますし、
これから先も二刀流でやっていきたいという
気持ちは今もまったく変わっていません。

（ルーキーイヤーの2013年シーズンを終えて、現在の率直な気持ちについて語った言葉）

大谷は、自覚してはいないようだが、実は飛びきりの楽観主義者である。

多くの人々は、「楽観主義者とは、物事の中に存在する好ましい要素を意識して行動する人」と解釈しているが、正しくはそうではない。

楽観主義者とは、常に物事の好ましい要素とそうでない要素を、明確に客観視して、それをありのままに受け入れ、冷静に判断したうえで行動できる人のことをいう。

どんな逆境に見舞われても、楽観主義者は自信を失わず、モチベーションを高めてことに当たれる。だから大谷は実力を発揮できるのだ。

一方、悲観主義者は、よくない要素に過剰反応するため、客観的に見ればピンチでもない状況でも勝手にモチベーションを下げてしまう。その結果、実力を発揮できずに成功から見放される。

楽観主義者の仲間入りをしたいなら、ネガティブな発言を慎むことから始めてみよう。それだけで、あなたの周囲で次々に「いいこと」が起こりだす。

楽観主義者の仲間入りをしよう。

本を読んで、強くなる。

スティーブ・ジョブズの言葉は元気をくれます。
だから自分が思い悩んでいることが、
すごく小さなことだと思えたりする。
ラクになれるというか……自分が変わるための、
いいきっかけになってくれるんじゃないか、と思って読んでいるんです。

(「大好きな偉人の言葉」について語った言葉。2014年12月の雑誌のインタビューで)

大谷は、〝8球団からドラフト1位指命を得る〟という超ハイレベルな目標を達成するために、「運」を味方につけることを手段の一つとして挙げていた。そして、運をつけるための行動の一つとしているのが、**「本を読む」**だ。

本は、飛躍のヒントや情報の宝庫だ。通常なら、接するチャンスのない人物の、深い思索に触れることができる。

「他人の意見で自分の本当の心の声を消してはならない。自分の直感を信じる勇気を持ちなさい」

これは、私も大好きなアップルの創業者、故スティーブ・ジョブズの言葉だが、私には、この言葉と、大谷の生き方がピタリと重なる気がしてならない。

そして、こうした言葉に救われ、前進していくところに、大谷のすごさの源泉を見る思いがする。ジョブズは、日々、「自分の本当の心の声」を信じ、それに忠実に従うことで、あるべき自分と成功を手に入れた。さらには世界をも変えた。どんな分野でも、一つの道を極めた人物の言葉には一抹の真理がある。だから示唆に富んでいるのだ。

偉人の名言を心のエネルギーにしよう。

すべてのネガティブな出来事は、それと同等以上の幸運の種を含んでいる。

打ち込まれると僕もモヤモヤしているんですけど、普通の投手なら1週間空くところ、僕はすぐに挽回のチャンスがある。

（二刀流のメリットについて語った言葉。2015年1月のスポーツ紙で）

大谷にも、好不調の波がある。負けるときは負ける。だが、負けたことによるストレスを、「バッターとしてプレーすることで晴らせる、挽回できる」と、この言葉は語っている。大谷は、自分ではそう思っていないようだが、典型的な楽観主義者である。たとえ落ち込んでもすぐに気持ちを切り替え、よくない心理状態から脱出する才能を持っている。

うまくいったときには、一握りの成功者と、その他大勢の間に大きな違いは見出せない。**失敗をしたときにこそ、両者に決定的な違いが生まれる。**

つまり失敗のとらえ方が決定的に両者を隔てるのだ。一流人は、「この逆境を乗り越えることにより、私は成長できる」と、前向きに考えることができる。もっといえば、彼らは失敗を繰り返しても、モチベーションを落さないとらえ方をマスターしている。同じスランプの状況でも、楽観主義者は高いモチベーションを維持して、短期間で見事に脱出してしまうが、悲観主義者は逆にモチベーションを落としてギブアップしてしまう。不調なときこそ真価が問われるのだ。

打席に立つ回数を増やして、挽回するチャンスを増やそう。

9章

人生は、「チャレンジ」だらけ！

――先の見えない中でどれだけ頑張れるか、誰もが試されている

他人の基準で生きれば、迷うだけ。
自分の基準でチャレンジしよう。

人と同じこと。僕はそれが嫌いなタイプなんです。

（「人生のこだわり」について語った言葉）

大谷は、どんな大舞台でも、自分が主人公だと感じ、自説に従って行動する。たとえ監督がなんと言おうと、自分の軸（持論）を曲げることはない。それは富や名声のためではない。

彼は、ただひたすら自分を成長させることに全精力を注いでいる。大谷にとって最高の快感がそこにある。

大谷のように、「自分が定めた信念」に従って行動する人間は強い。うまくいってもいかなくても、その結果によってモチベーションを下げることはない。徹底して自分の尺度で考えるから、たとえ完投勝利したとしても自分が納得できないピッチングだったなら、それを許さない。逆に、たとえ打ち込まれても自分の信念に基づいたやり方ができたなら、満足する。

人生に自分で定めた軸を持てば、どんな状況に見舞われても動じない。そのうえ、その軸を貫き通すことは、自分の目指す夢に最短距離で近づくことを可能にしてくれる。

モチベーションを維持する秘訣は、「自分の軸を持つ」こと。

存分に「立場」を活用しよう！
ルーキーなら、果敢にチャレンジしよう！

個人的には、まだまだルーキーですし、
怖がることも何もないと思うので、
いろんなことにチャレンジしながら、
自分らしく一歩ずつ、一歩ずつ前に進んでいきたいと思います。

（2013年のシーズンを終えて、今後への意気込みについて語った言葉）

大谷の言葉には、屈折もなければ悲観もない。子どものように素直なのだ。子どもは過去を振り返らない。今と未来しか見ていない。その意味で、大谷はいまだに子ども心を宿している。なおかつ、「新人という自分の置かれている立場を存分に活用してやろう！」という思いっきりのよさもうかがえる。

こんな話がある。独り言を言いながら、公園で一人、野球に興じている野球少年がいる。彼は「ぼくは世界一のバッターだ！」とつぶやきながら、ボールを空に向かって投げ、落ちてくるのを狙ってバットを振る。しかし、何回やっても見事に空振りしてしまう。それでも彼はボールを空に投げる。しかし、またもや空振り。そこで彼はすかさず自慢げにこうつぶやいた。

「僕はなんてすごい投手なんだろう！」

この話は、「子どもはどこまでもプラス思考であること」をうまく表現している。たとえよくない事実が身の上に起こっても、とらえ方次第で成功の芽を見つけることは決して難しいことではないのだ。

自分の立場を存分に活用してチャレンジしよう。

叶ったらクラクラするほど、大きな夢が壁を破る起爆剤になる！

160キロを言い始めたとき、
周りは無理だろうと思っていたみたいですけど、
無理だと思われていることにチャレンジするほうが、
自分はやる気が出るんです。

（「モチベーションの源泉」について語った言葉。2013年7月の雑誌のインタビューで）

私たちの夢を阻んでいるのは、才能の欠如でも努力の不足でもない。夢の描き方が間違っているのである。

多くの人々が、実現しても感動しないありきたりの夢を描くことで満足している。一方、大谷は他人が不可能と思うような大きな目標を実現することに快感を覚えている。

もっといえば、壮大な夢の実現を阻んでいるのは、他人ではなく自分自身が「壮大な夢なんてこの自分に実現できるわけがない」と、自分自身の限界を決めつけてしまうことにある。

脳はその人間の思い描いた目標が、どんなことであれ、忠実に実現するよう、あらゆる行動をプログラムし、コントロールする。そう、脳にとっては、その人間が、負け犬になろうが成功者になろうが知ったことではないのだ。

ならば壮大な夢を追い求めたほうが得ではないだろうか。脳の深遠なパワーを信じて、大きな夢を描いてみよう。

自分の能力への思い込みを捨て、壮大な夢を追い求めよう。

維新の英雄たちの“志《こころざし》”に思いを馳せてみよう。

特に幕末が好きですね。
日本が近代的に変わっていくための新しい取り組みが多くて、
歴史的に見ても大きく変わる時代。
革命や維新というものに惹《ひ》かれるんです。

（「好きな歴史の時代はいつ？」という質問に答えて。２０１４年10月の雑誌のインタビューで）

大谷には、「未知の分野を切り拓くパイオニア」という表現が似つかわしい。常に誰もやったことのない革新的な道を探り当てて突き進む大谷を、幕末の志士の姿と重ね合わせることができる。

誰も到達したことのない分野に突き進む快感は、何ものにも代えがたい。**誰も足を踏み入れたことのない未知の分野を見つけるには、テーマを徹底して絞り込むこと。**たとえば接客の分野なら、すべての人を対象にするのではなくシニア世代だけに絞るという具合だ。そうすれば、必ず未知の手つかずの分野が目の前に広がってくる。

大谷の脳裏には常に「革新」という二文字が渦巻いているはず。革新と感動は相性がとてもよい。ただ当たり前の役割を引き受けて、漫然と仕事をこなすだけでは感動を呼ぶパフォーマンスは発揮できない。こうした革新的なパイオニアこそ、いつの時代にも要求されるプロフェッショナルの理想像である。

会社のみんなが見過ごしているようなこと、不可能と考えているようなことに、あえてチャレンジ。

「先の見えない中で、どれだけ頑張れるか？」
これが試されている！

ようやく扉の前かな。
扉は押し続けているんだけど、まだ、びくともしない。
扉が1枚なのか、2枚、3枚あるのかわからない。
けど、わかっていたら面白くないですから。

（「パイオニアとして歩み始めた実感はありますか？」という質問に答えて）

いったいどれだけ実験を繰り返せば偉大な発明ができるのか？
いったいどれだけの時間とエネルギーを注げば、ヒット商品をつくれるのか？
どこにも明確な答えはない。いや、どれだけやっても、すべては徒労に終わるかもしれない。

この努力をすれば、必ず成果が得られるという先の保証は何もない。それでも極限まで努力できるか？　良心に恥じない行動ができるか？

あなたは、常に人生に試されている。

大谷のような一流のアスリートは、先の見えない状態を歓迎し、それを乗り越えることを快感にできる。一方、並の人間は、先が見えず見返りの約束されていない状況下で努力することを避けたがる。簡単に逃げ出してしまう。

いくら先が見えなくても、扉を押し続けた努力は嘘をつかない。たとえ扉を打ち破れなくても、全身全霊で打ち破ろうとした経験が、私たちを着実に成長させてくれる。

筋書きのない冒険に、チャレンジ。

やりがいを発見するヒント。「見返りがなかったら、君は何を選ぶだろう？」

野球自体が僕の中心で、今の時点での生きがい、活力になっています。
仕事という位置づけはあまり持っていません。
世間の方から見たら高給取りのイメージでしょうが、
僕は高校からそのままやってきて今も変わらず、
レベルが上がってそこに挑戦しているだけ。
自分が好きで突き詰めたいなと思い、やっているだけです。
その意味ではすごく幸せだと思います。

（「プロ野球選手というとらえ方」について語った言葉）

何かの見返りを求めるという姿勢ではなく、本能的に極めたいという崇高な心理が大谷に偉大な仕事をさせている。

あなたの生きがいはなんだろう。**どんな仕事に就いていようが、生きがいを見出した人間は、幸福な人生を歩むことができる。**反対に、いくら高給をもらえる仕事でも、それが生きがいになっていないなら、その人間は不幸である。

「誰も真似できないような二刀流を極めたい」という志が、大谷に大きな生きがいを与えている。

「生きがい」とは、奥が深いものだ。生きがいとなっていることであれば、何時間連続してやり続けても全然疲れない。成績や業績が低迷しても、決してモチベーションを下げることもない。強制しなくても自然と四六時中思索を積み重ねることができる。これこそ生きがいの典型的な効能である。

ライフワークとして長期的視点で見ているからこそ、いっときの浮き沈みも、想定内のものとしてとらえ、さらなる努力を積み重ねることができるのだ。

見返りがどれも同じなら、何をするか考えてみよう。

「誰かのために」が、結果的に、「自分のために」につながる。

誰も見ていないところで野球をやっても
まったく面白くないと思います。
自分のプレイで喜んでくれる人がいるのが、今の僕の楽しみです。

（「野球をしていて感じる楽しみ」について語った言葉。2014年12月の雑誌のインタビューで）

人を感動させたい。このパワーを侮ってはならない。**自分のために頑張るだけなら、できることはたかが知れている。**大谷のような一流のアスリートほど、周囲の人たちやファンを感動させたいという強烈な欲望を持っている。

スキルは、大きく分けて2種類に分類できる。技術的スキルと感動的スキルである。大谷の160キロのストレートや、ピッチャーの投げたボールを芯でとらえてバックスクリーンに叩き込むホームランは美しい。それこそ感動的スキルのなせるワザである。これは猛練習だけでは身につかない。ファンの視線で自分を客観視するメタ認知力が必要だ。大谷の感動的なスキルとは、やや趣が異なるが、現役時代の長嶋茂雄（現・読売ジャイアンツ終身名誉監督）も、三塁ゴロを捕るときに、わざとグラブでボールを空中に一度浮かせてから一塁にスローイングする、という演出をしてファンに感動をもたらしたという。

プロであれば、できるだけ早い時期に技術的スキルをマスターして、感動的スキルの獲得を目指そう。そこからはまさに人間力の勝負なのである。

プロとして、人を感動させる仕事をしよう。

「自己満足」というゴールを目指してもいい!

人に評価される職業なのでもちろん数字や成績も大事だけど、
そのためにはやりません。
ある意味、自己満足のためにやっています。
僕が、「そういうプレーヤーになりたい」「そこのレベルに行きたい」
「そういう人たちと勝負してみたい」。
そのためにやっているんです。

(個人成績やタイトルにことさらこだわらない理由を尋ねられて、答えた言葉)

大谷は、野球がうまくなるための行動が楽しくてしょうがない。そのモチベーションの秘密はなんだろうか。心理学者E・E・ローラーは、**モチベーションは「努力」「成果」「報酬」「満足感」という4つの要素で構成されている**と結論づけた。つまり、人は「努力」することで「成果」をあげ、その対価として「報酬」を得る。もし努力しても成果があがらなければ、努力という最初のステップに戻って再チャレンジを試みる。あるいは努力して成果があがっても、期待した報酬が獲得できなければまた最初の努力に戻り、期待した報酬が得られなかった理由を考え、納得し、再度最初のステップに戻って努力を重ねることができる。

そして、一流のアスリートたちがたとえ**莫大な報酬を獲得しても飽くことなく努力を重ねられるのは、自分を満足させたいという強烈な欲望があるから**だ。

右の言葉で大谷は、自分が定めたゴールのことを「自己満足」と言っている。

この思いが、大谷はほかの選手に比べて非常に強い。「努力」→「成果」→「報酬」というサイクルを繰り返すことで、最終的に「満足感」に到達できる。

「自分を満足させたい！」という欲望に忠実になる。

10章

これが「大谷ルール！」……哲学、流儀、覚悟

――君は、どんな基準で生きるのか？

1ミリでも、成長する。
それが使命。

去年より後退することはありえないし、
してはいけない。
まずは去年の成績より前進することが目標です。

（3年目となる2015年シーズンに向けての抱負について語った言葉）

「日々前進」の旗を掲げることこそ、大谷のような一流のアスリートの共通点。

並のアスリートは表に現れる結果でしか成長を感じ取れない。しかし、実際はそうではない。たとえば、桜の木は毎年3月末に決まったように美しいピンク色の花を咲かせる。その直前まで桜の木にほとんど変化は認められないのに。

桜の木は、私たちの見えないところで1年間かけて開花する準備を着実に進めている。この事実から、私たちは、たとえ表向きには成果が現れなくてもモチベーションを落とさず、やるべきことを日々きっちり実行することの大切さを、学ぶことができる。

人生は、やってみなければわからないことだらけ。

「やってもムダだからやめておこう」と考えず、結果がどんなものであろうと、そこから次のチャレンジのヒントを得て新たな行動を起こす。そして、そこからまた何かを得る。そういうループ運動を続けることにより、私たちは着実に目標に近づけるようになる。

「日々前進」を心がけよう。

一つひとつのプロセスを大事にする。

まっすぐを狙われているときにまっすぐで空振りを取るのは
そんなに簡単なことじゃないので、
ツーストライクまでの過程ではファウルをしっかり取って、
追い込んだあとで、空振りを狙いにいけばいいのかなと思います。

（自分の理想のピッチングについて語った言葉。2013年10月の雑誌のインタビューで）

三振は結果である。当たり前のことだが、1球だけで三振は取れない。一投一投の配球というプロセスの結果として三振がある。大谷の右の言葉はプロセスの大切さと、大谷が徹底したプロセス志向であることを物語っている。

ここであなたに一つクイズを出そう。あるマラソン大会で、1位の選手が満面の笑みを浮かべながらゴールした。もちろん上位の選手たちは、みな幸福感を抱いて喜びの表情を浮かべてゴールに飛び込む。

しかし、順位が下がるにつれ、選手の表情は曇りがちになる。結果がふるわないわけであるから、これは至極当然のこと。ところが、1位の選手の2時間後に、これ以上表現しようのない満面の笑みを浮かべてゴールした選手がいた。なぜ、この選手は笑顔だったのか？

答えは、この日、彼は自己ベスト記録を更新したからである。

プロセスを重視する人間は、全体の結果に一喜一憂しない。だから、大谷のように、絶えず前向きにチャレンジし続けることができるのだ。

プロセスを丁寧に積み上げていった結果、大きな成果にたどり着く。

「運」は自分で見つけるもの、拾えるもの。

他人がポイッて捨てた運を拾っているんです。

（自分が心がけている「ゴミ拾い」について語った言葉）

大谷は高校1年生のときに「目標達成シート」を作成している。

彼が定めた目標は、「8球団からドラフト1位で指名される」だ。そしてそれを実現するための行動目標として、**「メンタル」**や**「スピード」「キレ」「体づくり」**など、8つのテーマを設けているが、そのうちの一つに、大谷は**「運」**と記している。

そしてその運を引き寄せる具体策として、**「ゴミ拾い」「部屋そうじ」「あいさつ」「審判さんへの態度」「道具を大切に扱う」「プラス思考」「応援される人間になる」「本を読む」**といった要素を挙げている。

大谷は、ゴミが落ちていたとき、拾わずに通り過ぎようとすると、ゴミから「お前、それでいいのか？」と呼ばれているような錯覚に陥るという。

一つゴミを拾うたびに運がたまる。ゴミを見つけることが楽しみに変わっていく。こんな発想をするアスリートに、私はお目にかかったことがない。

自分の良心に恥じない善行の積み重ねが、天運を引き寄せる。

「打ちたいから打つ！」という素直な感覚を大切にする。

キャンプ中、休みの日に打ち込みをやったのも、打ちたくなったから打っているだけなんです。子どもがボールを打ちたくなって、バッティングセンターに行くような感覚ですね。

（自分の「練習に対する普段の心がけ」について語った言葉）

大谷は、子どものように、練習したいから練習する、バットを振りたいから振るという感覚を大事にしている。

子どもが遊んでいるようすを観察してみよう。彼らは何も考えずに、「無心」でその動作だけに意識を集中させているといっても過言ではない。

「無心」とは、「一切の妄念を離れた心」のことを指す仏教用語。あるいは、「無《む》邪気《じゃき》」という意味もある。大谷が休みの日でもバッティングの練習をするのは、無心がそうさせている。それは子どもが遊んでいるときの感覚に近い。

著名な哲学者ジョシュア・ハルバースタムはこう語っている。

「私たちは仕事によって、望みのものを手に入れるのではなく、仕事をしていく中で、何を望むべきかを学んでいく」

目的もなく、無心でやっていては、何も得られないのではないかと懸念するのは大間違い。無心で何かに打ち込んでいれば、おのずと望むものが見えてくる。大谷はそれを見つけたくて、今日も無心にバットを振るのだ。

「無心」という感覚を大事にする。

普段とまったく違う〝異世界〟に入り込んで「オフ」を満喫する。

登板の日は、
午前中に必ず映画を1本見てリラックスします。

（気分転換の方法について語った言葉。2015年1月の雑誌のインタビューで）

オフをうまく使った「回復」こそ、アスリートのみならず、すべての人間にとって良質の成果をもたらすサプリメントとなる。

大谷は、とても巧みに「オン」と「オフ」を切り替えている。

オンタイムに私たちはエネルギーを消費する。そして、そのエネルギーを補給するのがオフタイムだ。蓄えた以上に、エネルギーを消費することはできない。

つまり、良質の仕事をしたかったら、オフタイムには仕事を忘れて、趣味や運動に没頭したり、野球観戦やコンサートといったイベントに興じて目いっぱいリラックスしよう。できるだけエネルギーを溜め込む必要がある。

自分を車にたとえてみよう。

左側のタイヤがオンタイム、右側のタイヤがオフタイム。

直進するのに、左右どちらのタイヤが重要だろうか？　当然両輪だ。

オフタイムを充実させて精いっぱい回復に努めよう。それこそ人生を充実させる切り札なのだ。

オフタイムを充実させよう。

今、目の前のことに、ベストを尽くす。

ある程度のレベルにいくまでは
今すぐ向こうに行っても、日本でやっても、やることは変わらない。
日本でやらなきゃいけないことをやって結果を出すことが、
今できるベストかなと思います。

（「野球への取り組み方」について語った言葉）

　大谷は、メジャーリーグで活躍する実力も、オファーも、すべて持ち合わせていながら、メジャーリーグ行きを封印して、5年間、在籍する北海道日本ハムファイターズで与えられたポジションをまっとうすることに全力を尽くした。

「下足番を命じられたら、日本一の下足番になってみろ。そうしたら誰も君を下足番にしておかぬ」とは、阪急グループの創設に尽力した小林一三《いちぞう》の言葉だ。

　足元を固めて、与えられた仕事できっちり成果をあげることの大切さを噛みしめよう。仕事の報酬に関して、多くの人は、報酬は自分自身、つまり仕事をしている本人に与えられていると勘違いしている。しかし、実際は違う。報酬は成し遂げた「仕事の成果」に与えられているのだ。

　たとえば、大工なら、報酬はその大工が建てた建物への対価として支払われるのであり、大工の存在に対して支払われているわけではない。いくら有能な大工でも、ひどいデキの建物を建てたなら、満足な対価が支払われることはない。逆に凡庸な大工でも、目の前の仕事を丹精込めて素晴らしく仕上げれば、報酬もそれに見合った額になっていく。

与えられたポジションをまっとうする。

シンプル、最高！

まっすぐのカウントで、まっすぐが来て、
まっすぐを狙って、思いきりいったら入った……。
ただそれだけなんですけど(笑)、
これがバッターとして一番気持ちがいいんですよ。

(自分が理想としているバッティングについて語った言葉)

「ＫＩＳＳの原則」というのがある。

これは、「Keep It Short and Simple（簡潔かつ単純にしておけ！）」の頭文字をとったものだ。「物事を複雑にしてはいけない！」という戒めの言葉である。大谷の右の言葉は、バッティングは単純に考えればうまくいくというシンプルなとらえ方をうまく表現している。

あのアインシュタインも、**「偉大な理論ほど単純な方程式で表現できる」**と語っている。私たちは物事をどうしても複雑に考えてしまい、結果、迷路に入り込んでしまう。

しかし、進化とは、不必要なものを取り除くことでもある。

「今でもぶれない自分というのが完全にできあがっているわけではないですよ。ただそのときどきに感じたものを〝削除する〟という行為を繰り返してきただけなんです」というのはメジャーリーガーイチロー選手の言葉だ。仕事にスランプが訪れたら、「もっと物事を単純にできないか？」と考えてみよう。それこそ壁を打ち破る大きな力となる。

物事をシンプルにそぎ落としてみる。

噂は、笑い飛ばす。気にしない。

実は僕、「170キロ投げたい」って言ったことないんですよ(笑)。
あのときは確か「170キロ投げると思いますか?」って聞かれたので、
「まぁ、不可能ではないと思いますし、いつか誰かは投げると思います。
できれば僕も投げたいな〜」みたいなやり取りが……。
そしたら次の日起きたら「170キロ宣言」って。
まぁ、よくあることですから(笑)。

(「170キロ投げたい」という発言が2015年の新年早々大きく報道されたことについて語った言葉)

この言葉に見られるように、ときには、大谷の意図と違うメッセージがマスメディアを賑わすことがある。しかし、大谷はそんな無責任な記事に惑わされずに自分がやるべきことをしっかり見据えている。

私たちは、ともすれば、「これをやったら褒めてもらえるだろうか」「こんなことを言って誤解されないだろうか」などと、他人にどう思われるかと、他人の評価ばかり気にして考え、自分のとる言動を決めがちだ。

しかし、これでは、他人の考えを自分の行動基準にしているようなもので、自分がなく、自分が空っぽの他人のためのロボットと同じになってしまう。「自分がしたいからする」という自然で自由な行動ができなくなってしまうのだ。

大谷は違う。自分の気持ちや今の感情を大事にし、それに沿って行動を起こせる。だから他人の思惑に一喜一憂しない。**賞賛だろうが悪口だろうが、言いたい人には言わせておけばいい。**

他人にどう思われるか、気にしない。

11章

「決断」のとき

――迷いを消し去る〝決定打〟はどこに？

迷ったら
素直に直感を信じてみよう。

（左打ちか右打ちか）どちらにしようか迷っていて、
お父さんがお風呂に入っているときに、
〝バン〟とドアを開けて、
「俺、どっちで打ったらいいの？」っていきなり聞いて。
「打ちやすいほうで打てば？」って言われて
「じゃあ、左打ちにしよう！」って言ったのを覚えています。

（古い自分の記憶について語った言葉。2015年1月の雑誌のインタビューで）

直感を味方にできた人は飛躍する。直感の対局にあるのが論理である。両者は処理している脳の領域がまるで違う。

どちらも思考としてとらえられているが、最も異なるのは、「出力されるまでの時間」にある。直感は瞬時に浮かび上がり、主に右脳主導で働いている。

一方、論理による導きは、とにかく時間がかかる。これは、左脳の得意としているワザである。

大谷が左打ちを決めたのは間違いなく論理ではなく、直感であることが右記の言葉からわかる。

試験や問題に対して答えを導き出すとき、最初に直感で出力された決断がたいてい正しい。なぜなら時間がかかればかかるほど、その決断は論理に頼ることになるからだ。

大谷も自分の人生の中で、論理よりも直感に従う決断をたくさん下してきたはず。時間をかけて考えても答えの出ない問いは、潔く最初の直感に従おう。

直感による決断を大事にする。

信頼する人の
アドバイスに耳を傾ける。

「なぜ勝てないんだ？」という内容ではなく、
勝つためにどうすればいいか、という話でした。
その準備が100%できているのか、と。
自分が迷ったときや、わからなくなってしまったとき、
他人から見た自分と、自分が感じている自分は違うと思います。
ありがたかったですね。
「もう少しこうしよう」と思えるきっかけになりました。

（2014年8月に、厚澤和幸《あつざわかずゆき》一軍投手コーチからアドバイスをもらったことに触れて）

厚澤は北海道日本ハムファイターズ一筋の人間である。1994年のドラフトでファイターズから二位指名を受け入団。しかし、結局一軍で未勝利のまま2003年に引退。それ以降、二軍投手コーチやスカウトを経て、現在、一軍ベンチコーチを務めている。

ダメな上司は、自分の独りよがりの考え方を一方的にメンバーに押しつけ、服従させようとする。しかし、これではメンバーは育たない。もちろん、このリーダーがメンバーから慕われることもない。

一方、厚澤コーチのような有能な上司は、結果ではなくそれまでの準備、つまりプロセスに論点を置く。そして**メンバー自身に考えさせるための建設的な意見を、個々に与える**ことができる。

結局、押しつけで相手を従わせるのではなく、メンバー自らに気づかせることができるのが、一流の上司なのである。

上司やコーチのアドバイスを元に、自分の責任で決断する。

尊敬できる人、
信頼できる人と組もう。

やっぱり、栗山さんが監督だったということは、
僕の中ではすごく大きかったです。
栗山監督は、僕が大したことない、
まだ無名だった選手のときから僕を見てくれていました。
だから、すごく信頼はありましたね。
この人なら大丈夫。一緒にやりたいなっていう
気持ちがどんどん出てきたって感じです。

（２０１４年シーズンを終えて、栗山監督への思いについて語った言葉）

大谷が「プレーヤー」なら、栗山監督は「エージェント」である。**プレーヤーには、有能なエージェントが必要である。**エージェントは、「代理人」と訳されるが、私は「プレーヤーのポテンシャルを最大化させる仕掛け人」と考えている。

現在では、多くの金メダリストやチャンピオンには、ほとんどすべてエージェントがついている。この仕事を生み出したのは、マーク・マコーマックという人物で、世界最大のスポーツマネジメント社ＩＭＧの創業者である。タイガー・ウッズ、マリア・シャラポア、錦織圭《にしこりけい》といったトップアスリートが所属する一大エージェント王国を築き上げた。

もしも、大谷が入団したときの北海道日本ハムファイターズの監督が栗山でなかったら、大谷はバッターかピッチャーのどちらかに専念していたかもしれない。それは誰も知る由はないが、栗山が大谷の素質を見抜いて彼の潜在能力を目いっぱい引き出した功労者であることは間違いない。

ビジネスも、信頼できる相手を大切にする。

自分が面白いと思えるか。自分の感覚を大切にする。

（二刀流の）取り組みに否定的な人たちの考えを変えたいとも思わない。

人の考えは変えられないので。

自分が面白ければいいかな。

もちろん、チームのために徹するし、優勝も目指すけど、それも自分のやりたいことの一つです。

誰かに評価してもらうために、というのはありません。


（マスメディアの二刀流の是非に関する論評に触れて）

「ひと言で語るなら、規格では測れないマンガのような選手。それが大谷翔平の最大の魅力」と語ったのは、北海道日本ハムファイターズの吉村浩チーム統括本部長（2013年当時）。いまだに、多くの野球評論家が「マンガのような」二刀流を目指すことを否定する。その理由の多くが、「どちらも中途半端になってしまう」というもの。そして、もう一つの理由が「準備に2倍時間がかかる」というもの。しかし大谷は、とっくの昔にそんな二つの問題点を承知のはずだし、それらを克服できると彼は本気で思っている。だから、そんな問題点も、「面白い」という感覚によって見事に封じ込められてしまう。

面白いことに没頭していると、長時間でも疲れなんて感じない。当然、イヤイヤやっている作業よりも、習得スピードも明らかに速い。だから大谷なら、二刀流をこなせると私は信じる。仕事も、どうせやるなら「デキ映えや達成期限を評価基準にする」「前回より好成績を目指す」など、ゲーム的要素を盛り込む工夫をして、面白く変えていこう。格段に仕事の成果をあげやすくなる。

仕事も、自分が面白いと思えるように工夫してみよう。

よくばろう！
やる前から、あきらめない！

無理だと思わないことが一番大事だと思います。
無理だと思ったら終わりです。
まずやってみて、もしそこで限界がきたら、
僕の実力はそこまでということ。
でも僕はやれることはすべてやりたいし、
取れるものはすべて取りたいという人なので、
とにかくやってみたいんです。

（二刀流について普段考えていることについて語った言葉。2014年4月の雑誌のインタビューで）

何かを達成したかったら、まず「自分には無理」という言葉は禁句だ。「自分ならやれる！」と、ファイトをむき出しにして行動を起こすこと。そして、チャレンジをやめないこと。その精神を貫こうとするなら、人生のかなりの部分は、チャレンジのための時間で占められていなければならない。

信念に基づいたチャレンジであれば、修羅場をくぐることさえも楽しめる。むしろ、なかなか手に入らない機会だからこそ、やりがいがあると考えることができる。ほとんどの人間が「これを手に入れることは到底不可能！」と考えてしまうことでも、大谷はチャレンジをやめない。そして実際に手に入れてしまう。

メジャーリーガーイチロー選手の次の言葉も、参考になるだろう。

「少し感覚を失ったときにどういう自分でいられるかなのです。苦しいですが、あきらめない姿勢があれば、何かをつかむきっかけになります」

結局、チャレンジを続けて「自分をどれだけ納得させることができたか？」という評価基準が、あなたの人生の充実度を決定するのだ。

信念に基づいたチャレンジをしよう。

〝楽しい〟より〝正しい〟を上に置いて動く。

高校時代、
「〝楽しい〟より〝正しい〟で行動しなさい」と言われてきたんです。
(中略)何が正しいのかを考えて行動できる人が
オトナだと思いますし、今の自分はまだまだですけど、
制限をかけて行動することは大事なのかなと思います。

(オトナとしての行動について語った言葉)

〝楽しい〟か〝楽しくないか〟は、現代を支配する価値観の一つだ。特に若者は〝楽しい〟を基準に行動しがちだが、同じ世代である大谷は〝正しい〟という指標を掲げている。私はそこによき指導者の影響を感じる。

高校生の大谷をプロ野球で通じる選手に育てたのは、花巻東高校の野球部監督・佐々木洋《ひろし》である。一関リトルシニア時代の大谷を見た佐々木は当時のことを思い出して、「雄星という素材と出会ったばかりだったので、初めは〝まさか〟と思いました。（中略）実際に中学生の大谷を映像で見て本当にビックリしました。雄星ほどの投手にこんな早く出会えたかと、見た瞬間思いました」（『大谷翔平　北海道日本ハムファイターズ』ベースボール・マガジン社）と語っている。チームの勝利と大谷の将来という狭間で、佐々木は一番よいバランスを考えながら大谷を丁寧に育てていった。

あなたも今、この本を通じて佐々木の言葉に出会った。今日から、この基準を行動の指針に加えよう。

どんなに楽しくても、正しくないことには手を出さない。

細かいルールや指示に対して、疑問に思ったら？

ストレスを感じるタイプでもないし
外に出たい欲求にかられるわけじゃない。
僕は一人でいる時間も結構好きで、
マイペースな性格なので苦痛でもないんです。
得な性格かも。

（入団した2013年シーズン、外出する際、栗山監督に電話で報告するルールがあったことに触れて）

たとえば上司から、「そんなバカなやり方は今すぐ軌道修正したほうがいいよ」と言われたとき、あなたならどう感じるだろうか？

「人のことをバカ扱いするなんて、許せない！」と腹を立てるだろうか。

言葉の表面だけしか見ないと、こうした短絡的な反応を起こしがちである。

ここで、一歩踏みとどまって、相手の言葉の裏にある真意を汲み取ろうとすると、「上司は自分のことを思って厳しく指導をしてくれている」とポジティブな発想ができる。大谷は、右の言葉の前にこう語っている。

「嫌だとは思いません。監督が僕を思って、野球に集中できる環境でやらせたいのだとか、意図を汲み取ればいいんです」

社会のルールにしても、なぜそうしたルールができたのか、そのバックグラウンドを慮《おもんばか》るなら、ただの窮屈な束縛という受け取り方とは違ってくる。

ルールがあるからこそ自分たちは守られている、ルールを守ることが自分を守ることにつながる、と建設的な発想ができるようになるのだ。

物事のバックグラウンドを想像してみる。

君だけの「人生を変える瞬間」を見つけよう。

イチローさんの決勝タイムリーは、すごく印象に残っていますし、
あのときのイチローさん、
本当にカッコいいなって純粋に思いました。

（2009年WBC決勝におけるイチロー選手の決勝打を思い出して。
2014年11月の雑誌のインタビューで）

大谷についてイチロー選手はこう語っている。

「バッターをやればいいのにと思いました。すごいピッチャーはいくらでも出てきます。でも、あんなバッターはなかなか出てこない。（中略）大半の選手はバットに当てる時間が短いんです。でも、大谷は違いますね。バットの面にビッターとボールがくっついてくる」（『Number』２０１５年5月7日号／文藝春秋）

バッティングの天才イチローは、大谷の類い稀なるバッティングの才能をこのように表現してみせた。実は、大谷がＷＢＣ決勝におけるイチローの決勝打を見たのは、中学校2年のときだという。このときのイチローのシーンは、いまだに大谷の脳裏にこびりついている。天職というものは、このような一瞬のシーンで決まることもあるのだ。

普段から好奇心を最大限にしていろいろなものを見よう、聞こう、経験しよう。強烈なインパクトを与えてくれる人やシーンを探し求めよう。それに出会った瞬間、あなたの天職が決まるかもしれない。

いろいろなものを見よう、聞こう、経験しよう。会いに行こう。

12章

「前人未到の世界」へ

——イチローやダルビッシュは、メジャーでの二刀流をどう見たか

二刀流について、イチローはどう考えていたか。

バッターをやればいいのにと思いました。
実際にグラウンドで対戦したわけでもない距離感の中での話ですけど
彼ほどのバッターはなかなかいないと思います。
(二刀流は)ピッチャーをやって、
その翌日に外野を守れるなら両方やってもいいと思います。

(メジャーリーガーとしての大谷について、イチローが語った言葉)

今や伝説のバッターであるイチロー選手が、大谷の打撃を非常に高く評価していることがこの言葉から読み取れる。

また、イチローは、二刀流を「やってもいい」と条件つきで肯定している。

DH制（designated hitter：指名打者制）を導入しているアメリカン・リーグに所属するエンゼルスでは、そうでないナショナル・リーグよりも、より柔軟な起用法が可能で、守備につかずに打撃に専念できる環境が備わっている。その環境が最も整っているのがエンゼルスであり、また、メジャー経験豊富なイチローが提案するプランが現実に即したものであることも間違いない。

むしろ、ここで改めて注目すべきことは、大谷は、あのイチローに二刀流を肯定させるほど、その投と打のセンスを高く認めさせているレベルの選手であることだ。イチローも大谷も、「自分は野球に全人生を捧げる」という強い意志と信念を持ち続けている。仕事の中に自分を本気にさせてくれる魅力的なものを探し出し、全人生を仕事に捧げられる人間だけが未踏の頂上を目指すことができる。

「十分な条件が整った環境下ならOK」というのがイチロー思考。

王貞治福岡ソフトバンクホークス会長が心配する二刀流を阻む現実問題とは?

アメリカでは一つに絞らざるをえない。
両方は無理だと思います。
チャレンジするのはいいことですが、
スケジュールであったり移動、時差であったり。
打つほうは苦労すると思います。
投げるほうは成功すると思います。

(王貞治氏が、2018年1月のテレビ番組で、メジャーリーガーとして
大谷の二刀流の可能性を語った言葉)

レギュラーシーズン通算本塁打868本の世界記録を持つ王貞治福岡ソフトバンクホークス会長は、大谷のピッチャーとしての才能を高く買っている。

しかし現実的に見て、メジャーリーグにおいて二刀流で闘うのは至難の業である。メジャーリーグの歴史を振り返ってみても、同じシーズンに先発投手として15試合以上に登板し、野手として15試合以上にスタメンで出場した例はたった4つしかない。しかも、その4例の最後は、今から1世紀近く前の1924年である。だから、先発ピッチャーとして26試合、160イニング登板することを軸にして、登板間の数試合でDH（指名打者）として打席に立つ、というのが二刀流の現実的なプランとなるだろう。

疲労の蓄積は即ケガにつながるし、実際、大谷自身が北海道日本ハムファイターズ在籍の5年間で二刀流として活躍した時期はそれほど長くなかったことを考えると、1シーズンを通して二刀流を貫き通すことは、それほど簡単なことではないのだ。

移動、時差、気候までも考慮するのが、王貞治思考。

「ピッチャーなら大谷はナンバーワンになれる」——ダルビッシュ有。

ナンバーワンになれる可能性があるとしたら投手なので、ナンバーワンになれる可能性をとったほうがいい。
（二刀流は）プロ野球の人気を考えれば見ていて面白いし、興味があることになると思うけど、
本人がメジャーに行きたいと思ったときには
絶対に足を引っ張ることになる。

（2014年に、メジャーリーガーとしての大谷の適性について、ダルビッシュが語った言葉）

すでに7年間メジャーリーグに在籍し、その環境を熟知しているダルビッシュは、大谷にピッチャーに専念することを熱望していることが、この言葉から伝わってくる。ダルビッシュはこうも語っている。

「（メジャーで）ナンバーワンになる可能性があるとしたらピッチャーでしょう。大谷イコールなんだと聞かれたら160キロと言うと思うんです。200イニング投げて250三振を取って18勝したら十分じゃないですか。『アイツ打者としてもめちゃくちゃすごいらしいよ』くらいのほうが僕は面白いと思います」

実際、大谷クラスのパワーヒッターを探すのは難しくない。しかし、最速165キロのボールを投げられるピッチャーはメジャーでも多くない。大谷が、尊敬するダルビッシュの意見をどう受け止めたのか、興味深いところだ。

エンゼル・スタジアムはバックスクリーンに大きな岩がつくられ、水が流れ、すぐ近くにあるディズニーランドのアトラクションの一部になっている。大谷がエンゼルスのエンターテイナー・ヒーローになる日は近い。

「ナンバーワンになれる可能性に絞る」のが、ダルビッシュ思考。

「誰も歩いたことのない道を歩いてほしい」
——監督栗山英樹。

「誰も歩いたことのない道を歩いてほしい」と（栗山監督に）言われた。
そういう選手になれるよう頑張っていきたい。

（2012年12月、北海道日本ハムファイターズ入団記者会見で語った言葉）

投打の両方で成果をあげる「二刀流」という、過去にほとんど例を見ない「誰も歩いたことのない道」——そんな卓越したレベルの目標を栗山監督が示した。これを大谷は、「無理だ」「レベルが高すぎる！」などと文句一つつけることなく、アッサリ素直に受け入れている。これは一流のアスリートが保持している共通点。

大谷にとっては、中学生のころから「**二刀流は自分にとってずっと当たり前に務めてきたものであり、自然に身についているもの**」という考えがある。

しかし、実際にプロになってもそれが言えるのは、入団した北海道日本ハムファイターズ栗山英樹という監督がいたからだ。リーダーである監督が容認して初めて可能となった。リーダーの器の大きさがメンバーの器を決定するといっても過言ではない。

栗山がリーダーとしての信念を貫いて二刀流として育てたから、現在の大谷がある。その意味では、栗山というリーダーの下で存分に二刀流の才能を開花できた大谷は幸せ者である。

「人類初」にチャレンジさせるのが、栗山思考。

誰もなれない、誰もできない「究極」を目指す。

たとえば、
自転車に乗って『すごいだろ』と言ったところで、誰も褒めてくれない。
野球選手は誰もがなれるものではないですよね。
だから僕も目指した。
そういったことの究極の延長線にあるのが、
アメリカでの二刀流だと思います。

（「メジャーでは二刀流としてやるのか？」という質問に答えて語った言葉）

5年間の日本でのプロ野球生活で、大谷が二刀流を貫けたのは、彼自身が「二刀流をやりたい」という強い信念があったからである。

二刀流に関しては、いまだに多くの否定的な意見が飛び交っていたが、大谷はそんなことをまったく気にしていない。その証拠に大谷はこう語っている。

「長年プロ野球でやってきた人が、やっぱり自分の中でプライドもあると思いますし、二刀流は無理だって思うことも普通のことかと思います。（中略）それは、よいこと悪いことたくさんあって当然かなって思いますし、単純にたぶん、人に言われたことに対して、落ち込んだり喜んだりすることがあまりないのかな、と」

いろいろ言ってくる人がいても、他人はあなたのことを、自分のことほど真剣には考えていない。無責任に、ただ「言ってみただけ」という場合もある。みんな自分のことを考えるだけで精いっぱいなのだ。だから自分の人生は、自分自身で決めるしかない。

他人に、あなたの人生の責任を負わせることはできない。

ここ一番の決断では、「理屈」より「感覚」を信じよう。

まっさらな気持ちで、
何もなく各球団の方々と話させてもらいましたし、
本当にオープンな気持ちで話していく中で、
ここ(エンゼルス)にお世話になりたいな、と。
何か縁みたいなものを感じました。

(2017年12月、ロサンゼルス・エンゼルス入団の記者会見で語った言葉)

大谷の移籍先の決定には数々のドラマがあった。彼の代理人ネズ・バレロは12月3日、二次審査に進む7球団（ドジャース、エンゼルス、ジャイアンツ、マリナーズ、カブス、レンジャーズ、パドレス）を発表。

そのプレゼンでは、どのチームも、オーナーやGMだけでなく、監督やスター選手を揃えて球団のアピールをした。エンゼルスに決定したあと、大谷は最終的に1球団に絞り込む悩みを、以下のように打ち明けた。

「『お願いします』という球団があるということは、ほかに断らなきゃいけない球団が出てきてしまう。すべての人にとって『いい人』になれない（中略）。すごく悩みました」

人生には、運命を左右する重大な決断をしなければならないときが必ずある。そんな重要で難しい決断に迫られたとき、知識や理屈に頼るのではなく、感性や直感を精いっぱい働かせよう。

大谷の**「縁みたいなものを感じました」**という言葉に、彼が知識や理屈に頼らなかったことがうかがえる。

感性や直感を働かせよう。

「周りの力」を借りて新天地での成功をつかんでいこう。

（二刀流は）チームの方々とファンの皆さんとでつくっていくものだと思っています。僕も完成された選手ではないですし、皆さんの声援によって成長させてほしい。僕もそれに応えて頑張りたい。

（2017年12月、ロサンゼルス・エンゼルス入団の記者会見で語った言葉）

２０１７年12月9日、大谷はエンゼル・スタジアムで入団会見を行なった。エンゼルスはメジャーリーグのチームの中でも、最もファミリー色の強い球団の一つであるといわれている。

そんな雰囲気に大谷が魅力を感じたことが、エンゼルス入団の後押しをしたと、私は考えている。

もちろん、大谷の気持ちを決定づけた最大の要因は、首脳陣が二刀流に最大の理解を示してくれたからにほかならない。マイク・ソーシア監督も、**「彼には投げるほうも、打つほうもすごい才能がある。まだ23歳。その才能を伸ばすために計画通りやっていきたい」**と語っている。

大きな成果は、自分一人でつくり上げられるものではない。周囲の助けや応援があってこそ成し遂げられる。あなたの仕事を支えてくれているのは、どんな人たちだろう。彼らに思いを巡らせよう。感謝の気持ちを言葉にしてしっかり伝えよう。

周囲のサポートに感謝する。

●主な参考文献

『大谷翔平　二刀流』ＳＰＡ！編集部編（扶桑社）
『大谷翔平　北海道日本ハムファイターズ』（ベースボール・マガジン社）
『伝える。』栗山英樹著（ベストセラーズ）
『覚悟　理論派新人監督は、なぜ理論を捨てたのか』栗山英樹著（ベストセラーズ）
『信じる力と伝える力　日ハム栗山監督に学ぶ新時代のリーダー論』児玉光雄著（二見書房）
『これからのリーダーが「志すべきこと」を教えよう』ジョン・Ｃ・マクスウェル著（三笠書房）
『ジャック・キャンフィールドの「引き寄せの法則」を生かす鍵』ジャック・キャンフィールド著（ＰＨＰ研究所）
『ポジティブ心理学入門』クリストファー・ピーターソン著（春秋社）
『仕事と幸福、そして人生について』ジョシュア・ハルバースタム著（ディスカヴァー・トゥエンティワン）
『任せる技術』小倉広著（日本経済新聞出版社）
『働くみんなのモティベーション論』金井壽宏著（ＮＴＴ出版）
『不可能を可能にする大谷翔平120の思考』（ぴあ）
『別冊カドカワ』（ＫＡＤＯＫＡＷＡ）
朝日新聞
日本経済新聞電子版
雑誌『Number』（文藝春秋）
雑誌『Number PLUS』（文藝春秋）
雑誌『週刊ＳＰＡ！』（扶桑社）
雑誌『週刊朝日』（朝日新聞出版）
雑誌『週刊現代』（講談社）
雑誌『週刊ベースボール』（ベースボール・マガジン社）
雑誌『ＤＩＭＥ』（小学館）
雑誌『Ｑｕｉｃｋ　Ｊａｐａｎ』（太田出版）
雑誌『Ｔａｒｚａｎ』（マガジンハウス）
雑誌『文藝春秋』（文藝春秋）
雑誌『プロ野球ａｉ』（日刊スポーツ出版社）
日本ハムファイターズオフィシャルホームページ
日本スポーツ振興センター・オフィシャル・ホームページ
Ｓｐｏｒｔｉｖａ　ｗｅｂ

本書は、株式会社双葉社より刊行された『なぜ大谷翔平は二刀流で闘えるのか』を、文庫収録にあたり、大幅に加筆、改筆、再編集のうえ、改題したものです。

児玉光雄（こだま・みつお）

１９４７年兵庫県出身。追手門学院大学客員教授。元鹿屋体育大学教授。臨床スポーツ心理学者。京都大学工学部卒業。カリフォルニア大学ロサンジェルス校（ＵＣＬＡ）大学院に学び、工学修士号を取得。学生時代はテニスプレイヤーとして活躍し、全日本選手権にも出場。米国オリンピック委員会スポーツ科学部門本部の客員研究員として米国オリンピック選手のデータ分析に従事。過去20年以上にわたり臨床スポーツ心理学者としてゴルフ・テニスを中心に数多くのプロスポーツ選手のメンタルカウンセラーを務める。また、右脳活性プログラムのトレーナーとして多くの受験雑誌や大手学習塾に右脳活性トレーニングを提供。現在ビジネスパーソン向けの講演活動も多数行なっている。著書は『すぐやる力　やり抜く力』（三笠書房）、『この一言が人生を変えるイチロー思考』『60代から簡単に右脳を鍛えるドリル』（ともに三笠書房《知的生きかた文庫》）、『勉強の技術』『逆境を突破する技術』（ＳＢクリエイティブ）など１８０冊以上。日本体育学会会員、日本スポーツ心理学会会員。

知的生きかた文庫

大谷《おおたに》翔平《しょうへい》86のメッセージ

著者　児《こ》玉《だま》光《みつ》雄《お》
発行者　押鐘太陽
発行所　株式会社三笠書房
〒一〇二-〇〇七二　東京都千代田区飯田橋三-三-一
電話〇三-五二二六-五七三四〈営業部〉
〇三-五二二六-五七三一〈編集部〉
http://www.mikasashobo.co.jp
印刷　誠宏印刷
製本　若林製本工場

ISBN978-4-8379-8524-2 C0130

C10051